일러두기

1. 요괴가 소개된 문헌의 내용은 근본적인 문맥을 해치지 않는 선에서 읽기 쉽게 정리했다.
2. 인도, 메소포타미아, 동남아시아 지역 요괴 이름은 영문 표기했다.
3. 본문에 자주 등장하는 문헌은 404쪽 참고 문헌에서 정리했다.

동양 요괴 도감
東洋 妖怪 圖鑑

고성배(물고기머리) 지음

비에이블
B.able

상상 속 요괴들이
다시 존재하기 위해서

고서에 등장하는 요괴는 실제로 존재했을까? 고서를 읽다 보면 요괴의 생김새, 성격, 계보, 냄새까지 너무나 구체적이고 섬세하게 묘사돼 있는 것을 알 수 있다. 요괴에 대한 자료를 모으고 읽고 정리할수록 이런 생물이 과거에는 실제로 존재했던 것은 아닐까 하는 생각이 든다.

오리너구리를 생각해보자. 너구리의 몸에 오리주둥이가 달려 있는, 오리와 너구리라는 말도 안 되는 조합에 발톱엔 독까지 있는 존재. 이 얼마나 상식에서 벗어난 생물인가. 만약 오리너구리의 존재를 모른 채 고서에서 이 생물의 묘사를 보았다면 우린 어떻게 생각했을까? "에이… 이런 동물이 어디 있어! 상상 속 동물이네"라고 웃어넘기지 않았을까?

그래서 나는 기록돼 있는 요괴 중 일부는 실제 존재했을 수도 있다고 생각한다. 이런 생각을 하면 꽤 즐겁다. 다양한 요괴들이 인간과 어우러져 사는 세상, 이상한 요괴와 그들을 퇴치하는 사람들이 공존하는 곳…. 그런 게 존재했다고 믿는다면 흔하고 고루하게 느껴졌던 과거의 이야기가 좀 더 재미있고 생동감 있게 느껴지지 않을까?

한국 요괴에 대한 책을 만들기 위해 아카이빙을 시작했을 때, 그 방대한 자료에 놀랐다. 그리고 중국이나 인도, 다른 아시아 국가에 기원을 둔 요괴가 우리나라에 전달되어 정착하거나 변형된 것들이 있다는 것도 알게 됐다. 물론 우리나라에서 다른 국가로 전달돼 변형된 요괴도 있다.

같은 요괴이지만 한국과 중국, 다른 아시아 국가에서 다양하게 변형된 특징을 정리하고 구분하는 것은 생각보다 재미있는 일이었다.

"어라? 한국에서는 이런 성격으로 변형이 되었네?"

"일본에는 이렇게 이름이 바뀌어서 전승이 되었구나."

그러던 중 문득 동양 요괴들이 비슷한 결을 가지고 있지 않을까 하는 생각이 들었다. 그리고 차근차근 자료를 정리하며 비교

👁 👁

해봤다.《동양 요괴 도감》은 그렇게 시작됐다.

　동양 요괴의 결이 무엇인지 확실하게 말하기는 어렵다. 하지만 그들만의 특성이 있는 것은 분명하다. 국가나 신화마다 성격이 다르지만 동양이라는 하나의 덩어리 안에서 유기성을 가지고 있는 것이다.

　반면 국가나 신화에 따른 요괴의 특수성도 존재한다. 예를 들어 중국의 경우 호랑이, 뱀 등의 모습을 기반으로 한 요괴가 많다. 이런 동물들이 상서로움이나 신비함을 가지고 있다고 생각했기 때문일 것이다. 일본의 경우 요괴보다 혼이나 악한 기운으로 이루어진 귀물이 많다. 일본 귀물은 그 형태가 짐승이나 인간을 닮은 것을 넘어 사물과 결합한 것들도 많다. 인도와 메소포타미아 지역의 경우 신화를 중심으로 괴물과 귀물이 분포돼 있으며, 동남아시아 지역의 경우는 인간이었다가 귀물로 변한 사례가 많아 보인다. 이처럼 같은 동양이라도 다양한 형태의 요괴가 분포하고 있는 것이다.

독자들이 직접 책에 등장하는 요괴를 보면서 그들의 공통점이나 차별성, 특성을 찾는 것도 재미있는 과정이 될 것이다. 더불어 한국 요괴에 대한 기록인 《한국 요괴 도감》을 읽으며 한국의 요괴들과 비교해보는 것도 재미를 더하는 방법이다.

　한국 요괴에 그치지 않고 계속해서 요괴에 대한 책을 만들 수 있었던 것은 꾸준히 관심을 두고 응원해주는 독자들 그리고 비에이블 편집부가 있었기 때문이다. 책은 혼자가 아닌 많은 분과 함께 만들어진다는 점이 늘 즐겁다.

　《동양 요괴 도감》을 통해 즐거운 상상을 하며 미소 지을 독자들을 생각한다. 당신의 믿음으로 요괴들에게 생명을 불어넣어주길 바란다. 우리가 요괴의 존재를 믿으면 그들은 생생하게 걷고 날던 미지의 생물로 남지만, 믿지 않으면 단순한 신화나 우스갯소리로 언젠가 사라질지도 모르기 때문이다.

◆ 목차 ◆

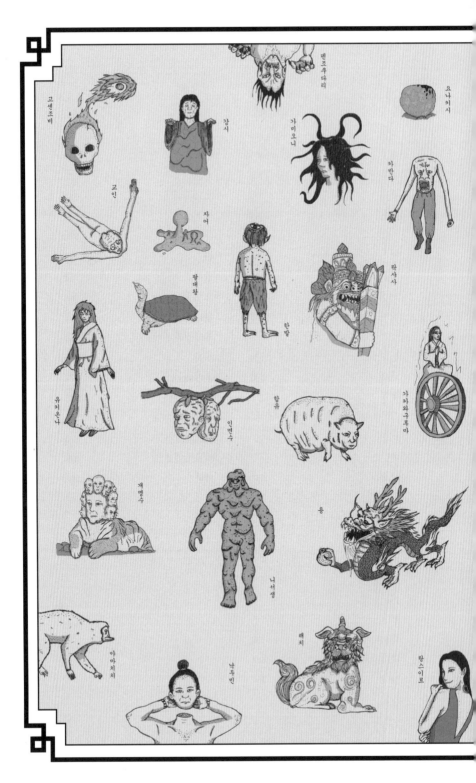

오무카데

하타히로

엔엔라

돗쿠

한냐

메가타가사

라바나

후타쿠치온나

히노쿠루마

오보로구루마

혼돈 2

오유

메즈라메

귀란

아시아라이야시키

망량

가네샤

가루다

태세

구미호

쿰바카르나

고로폿쿠루

가

賈

중국

땅속에는 이상한 생물들이 살곤 한다. 가도 이러한 생물 중 하나다. 가는 '서견犀犬', '지랑地狼'이라고도 하는데 이는 '땅속의 개'라는 뜻이다. 실제 개처럼 생겼으며 주로 암컷과 수컷이 같이 생활한다. 지렁이 구멍처럼 매우 작은 구멍을 내놓고 생활하는데 이는 통행로가 아닌 다른 용도로 보이고, 가끔 이 구멍으로 짖는 소리를 내서 사람들을 놀라게 한다. 인간에게 발각되면 쥐도 새도 모르게 사라져 발견하기 어렵다. 민간에는 가를 얻어 기르면 부를 얻는다는 속설이 있다.

· 분류	· 출몰 지역	· 출몰 시기	· 기록 문헌
종족	땅속	진나라	《수신기》

· 특징
땅속에 사는 개로, 발견하면 금방 사라진다.

◉ 구전 및 문헌 내용

- 간보가 편찬한 소설 《수신기》에 가에 대한 설명이 있다.

   땅을 파다가 만약 개가 나온다면 이것은 '가'다. 또 땅을 팠는데 돼지가 나온다면 이는 '사(邪)'다. 또 땅을 팠는데 사람이 나온다면 이건 '취(聚)'다. 땅속에서 나왔다고 귀신은 아니고, 자연스러운 살아 있는 생물이다.

- 《수신기》에 또 다른 기록도 있다.

   진나라 혜제 원강 연간의 일이다. 회요라는 사람 집 아래에 개 짖는 소리가 들려 자세히 살펴보니 지렁이가 드나들 만한 구멍이 있었다. 막대를 집어 구멍에 넣으니 깊이 들어갔다. 결국 땅을 파서 확인하니 암수가 같이 있는 개였다. 이들은 보통의 개보다 컸다. 주변의 사람들은 이 짐승을 '서견'이라고 하며 잘 키우면 부를 얻는다 했으나 다음 날 가니 구멍도 서견도 사라졌다.

   태흥 연간에 장무가 침상 밑에서 개 짖는 소리를 들었다. 이에 침상 밑을 파보니 개 두 마리가 있었다. 이를 키웠으나 모두 죽었고 장무는 살해당하여 사망했다.

가게온나

影女 かげおんな

일본

가게온나는 형체가 없는데, 가게온나가 자주 드나드는 집에 가만히 앉아 있으면 장지문 밖으로 그림자가 보인다. 주로 여자의 목소리가 들리고 여자의 그림자가 보이는데, 그림자는 달빛에 비추어 생긴다고.

실제 인간에게 큰 해를 끼치지는 않지만 스르륵 왔다가 사라져 소름 돋게 만든다. 또 의외로 가까이 다가오지도 않아 안전하다.

기록은 많지 않으며 주로 전설과 이야기로만 전해진다. 특히 요즘은 장지문이 많지 않아 더 목격하기 힘든 귀물 중 하나다.

• 분류	• 출몰 지역	• 출몰 시기	• 기록 문헌
귀물	장지문 밖	상시 출몰	《화도백귀야행》

• 특징
장지문 밖으로 보이는 여성 귀물의 그림자.

◉ 구전 및 문헌 내용

• 《화도백귀야행》에 나오는 가게온나에 대한 기록은 매우 짧다. 주된 내용은 장지문에 여자의 그림자가 보이면 이는 귀물이라는 것이다. 책의 그림에서는 거꾸로 내려오는 듯한 이미지가 장지문에 보이는데 이는 가게온나가 반드시 걷거나 가만히 있지만은 않는다는 걸 의미한다. 즉, 갑자기 보았는데 거꾸로 매달린 가게온나가 보일 수도 있는 것이다.

가네샤

Ganesha

인도

힌두교의 파괴 신 '시바 Shiva'의 아들로, 지혜와 행운의 신이다. 모습은 코끼리의 얼굴에 긴 코가 있고, 이빨은 둘, 팔은 넷에 툭 내민 배위로 뱀 띠를 두르고, 쥐를 타고 있다. 원래부터 가네샤의 머리가 코끼리는 아니었는데, 아버지인 시바의 오해로 머리가 잘렸으며 같은날 태어난 코끼리의 머리를 대신 붙이게 됐다. 가네샤는 장애물을 제거하는 힘도 가지고 있다.

장사와 부의 신이기도 하여, 인도에서 인기 있는 신 중 하나다. 그래서 인도의 가게나 집에서 가네샤 조각상을 어렵지 않게 발견할 수 있다.

힌두교 신화가 아닌 밀교에서 가네샤는 '환희천歡喜天'이라 불리는데, 불법을 수호하는 존재로 묘사된다.

• 분류	• 출몰 지역	• 출몰 시기	• 기록 문헌
신	전국 각지	고대	인도 신화

• 특징
얼굴은 코끼리, 몸은 인간인 신. 팔이 네 개로, 부와 장사를 관장한다.

◉ 구전 및 문헌 내용

• 인도 신화에 등장하는 가네샤의 탄생 이야기는 다음과 같다.

자비의 여신 파르바티Parvati는 목욕할 때 불쑥 들어오는 시바(파르바티의 남편)가 여간 못마땅한 게 아니었다. 이는 파르바티뿐 아니라 그의 친구들도 힘들어하는 일이었는데 모든 문지기가 시바의 명령을 따르기에 이를 막을 재간이 없었다. 이에 파르바티는 자신의 비듬으로 한 아이를 만들었고 자신이 목욕할 때 처소 앞을 지키게 했는데 이 아이가 바로 가네샤다. 시바는 파르바티의 처소에 들어서다 가네샤를 만났고 누구냐고 묻자 파르바티가 어머니라고 답했다. 시바는 파르바티가 어머니면 내가 아버지이니 길을 비키라고 했지만 가네샤는 철퇴를 휘두르며 자리를 지켰다. 설득이 통하지 않은 시바는 결국 가네샤와 전투하게 되었는데 이때 브라흐마Brahma, 비슈누Vishnu까지 군대를 이끌고 참여했다. 치열한 접전 끝에 시바가 가네샤의 목을 잘랐는데 이 소식을 들은 파르바티가 분노하며 천상을 파괴하기 시작했다. 결국 시바는 이를 달래고자 같은 날 태어난 존재의 머리를 아이에게 붙여 소생시켰는데, 그 존재가 코끼리였다.

가루다

Garuda

중국, 인도

인도 신화에 등장하는 거대한 조류형 신으로, 조류의 왕이다. 가루다
는 거대한 새의 모습을 하거나 머리는 인간, 몸은 조류인 모습 혹은
머리는 조류, 몸은 인간의 모습을 한다. '금시조金翅鳥'라고도 불리는
데 이는 날개가 금빛을 띠기 때문이다. 힌두교의 3대 신인 비슈누의
탈것이기도 하다.

　　가루다는 머리 위에 혹이 달려 있는 모습으로 그려지기도 하는데
이는 여의주 주머니다. 또 뱀과 괴물 '나가'의 천적이기도 하다.

　　가루다는 매 식사마다 용을 먹기 때문에 용의 독소가 쌓여 죽음에
이르는데, 금강륜산金剛輪山의 정상에서 최후를 맞이하기도 한다.

• 분류	• 출몰 지역	• 출몰 시기	• 기록 문헌
신	전국 각지	고대	인도 신화, 중국 신화

• 특징
조류의 왕으로, 금빛 날개를 가지고 있다. 용을 먹으며 뱀의 천적이다.

◉ 구전 및 문헌 내용

• 힌두교와 불교, 중국에 등장하는 가루다는 그 모습이 조금씩
다르다. 이를 살펴보면 다음과 같다.

힌두교 가루다의 어머니 비나타Vinata는 내기에 져서 뱀족의 노예
가 된다. 뱀족은 가루다에게 신들이 마시는 불로불사주인 암리
타Amrita를 가져오면 어머니를 풀어준다고 했다. 가루다는 이 술
을 구하기 위해 온갖 신과 싸웠으나 비슈누만큼은 당해낼 재간
이 없었다. 전투 후에 비슈누는 암리타를 줄 테니 자신의 부하가
될 것을 제안했고 가루다는 그러기로 맹세한 후 암리타를 받아
뱀들에게 갔다. 가루다는 암리타를 주는 척하고 어머니를 되찾
은 후 다시 암리타를 회수했고 이후 가루다는 뱀의 천적이 된다.

중국 중국의 가루다는 '가루라迦樓羅' 혹은 '금시조'로 불린다.
중국에서 그려진 가루다의 머리 위에는 혹이 있는데 이 안에는
여의주가 들어 있다고 한다.

불교 불교에서 가루다는 팔부신중(八部神衆, 불법을 지키는 8종의 신)
의 하나다. 팔부신중은 천, 용, 야차, 아수라, 건달바, 긴나라, 가
루라, 마후라가를 말한다.

가마이타치

鎌鼬 かまいたち

일본

사람을 베는 족제비로 바람처럼 빠르다. 손에는 낫 같은 것이 달려 있고 이를 사용해 사람을 벤다. 길을 가다 넘어지거나 휙 하고 바람이 스쳐 팔과 다리에 상처가 생긴다면 이는 가마이타치 때문이다. 가마이타치가 벤 상처는 피가 나지 않고 통증이 없기 때문에 누군가가 발견해주기 전까지는 알기 어렵다.

세 마리가 함께 움직이기도 하는데 한 마리가 행인을 쓰러뜨리면 다음 가마이타치가 날카로운 낫으로 베고 마지막 가마이타치가 약을 발라준다고 한다. 그렇기 때문에 통증이 느껴지지 않는 것이다. 일본에서는 바람결에 살이 베는 현상을 가마이타치라고 부르기도 한다. 요괴 때문이 아닌 자연현상이라는 설도 있다.

• 분류	• 출몰 지역	• 출몰 시기	• 기록 문헌
괴물	전국 각지	상시 출몰	민간 전설

• 특징
낫을 든 족제비 삼인조로, 바람처럼 움직이며 사람의 살을 벤다.

◉ 구전 및 문헌 내용

• 가마이타치에 대한 전설은 지역마다 다르게 존재한다. 그중 독특한 것은 사마귀의 영혼이 가마이타치가 되었다는 전설이다. 아마 사마귀의 앞다리가 낫과 비슷하게 생겨 유래된 것으로 추정된다. 상처에 달력 태운 재를 바르면 낫는다는 이야기도 있다.

가미오니

髮鬼 かみおに

일본

머리카락 귀신으로, 머리카락이 살아 움직이듯 하고 기하급수적으로 증가하여 뿔처럼 뭉치거나 머리카락의 주인을 공격한다. 일본의 만화나 소설을 보면 머리카락에 영혼이 깃들어 제멋대로 움직이거나 활동하는 것을 볼 수 있는데, 이는 모두 가미오니를 모티브로 제작된 것으로 추정된다.

예로부터 머리카락은 영력이 있는 신체 부위로 여겨졌기 때문에 함부로 다루지 않았다. 그래서 머리카락을 더럽히거나 땅에 떨어진 머리카락의 사념이 모이면 가미오니가 되곤 한다. 혹은 인간의 원망하거나 질투하는 마음이 머리카락에 모여 탄생하기도 한다. 어느 쪽이든 살아 있는 사람의 머리에 귀신이 든다는 것은 유쾌한 일이 아니다.

· 분류	· 출몰 지역	· 출몰 시기	· 기록 문헌
귀물	인체	상시 출몰	《화도백귀야행》

· 특징
머리에 귀신이 깃드는 것. 제멋대로 움직이거나 마구 자라나 뿔처럼 변하기도 한다.

◉ 구전 및 문헌 내용

• 《화도백귀야행》에 가미오니에 대한 기록이 있는데, 신체발부는 부모가 주신 것이기에 땅에 머리카락을 떨어뜨리면 그 벌로 가미오니가 된다는 이야기다. '신체발부 수지부모身體髮膚 受之父母'라는 말은 유교 경전인 《효경》에 나오는 말이다. 어떤 이는 이를 인용하여 저자가 창작한 괴물이 아니냐는 추측도 한다.

가와아카고

川赤子 かわあかご

일본

강가에서 사는 요괴로, '갓파'와 비슷한 종이다. 몸집은 아이와 같으며 해초 속에 숨어 산다. 몸집이 작다고 해서 얼굴이 귀여울 거라고 생각하면 오산이다. 얼굴은 험상궂어 위협감을 준다.

가와아카고가 주로 하는 일은 숨어 있다가 이상한 소리를 내는 것인데, 이 소리를 따라가도 가와아카고의 모습을 보기는 힘들다. 그만큼 잘 숨는다. 다른 물귀신처럼 사람을 끌어당기거나 놀라게 하지는 않는다. 단지 강가에서 서식하며 강바람 쐬기를 즐기는 것뿐이다.

일본 요괴 화집을 그리는 만화가 미즈키 시게루 水木しげる에 의하면 규슈 九州 지방에 많이 서식하고 있다고 한다.

• 분류	• 출몰 지역	• 출몰 시기	• 기록 문헌
귀물	규슈현	상시 출몰	《화도백귀야행》

• 특징
강가에서 서식하며 이상한 소리로 사람들을 현혹시킨다.

◉ 구전 및 문헌 내용

• 《화도백귀야행》에 가와아카고에 대한 짧은 기록이 있다.

산천의 수초 속에서 갓난아이 모양을 한 괴이한 존재가 있다. 이를 가와아카고라고 한다. 가와아카고는 갓파와 같은 종류다.

가지가바바

鍛冶が嫗 かじがばば

일본

고치현高知県의 전설에 등장하는 흰 털의 거대한 늑대로, 요상한 늑대들을 통솔하고 이끈다. 머리에 커다란 냄비를 쓰고 있는데, 이 냄비가 가지가바바의 약점이다.

공격을 당하면 인간의 모습으로 변해 숨는데, 주로 늙은 노파의 모습을 한다. 전설에 의하면 나무 위로 피신한 나그네를 공격하기 위해 늑대들이 탑을 쌓듯 서로의 어깨에 올라탔고 마지막에 가지가바바가 올라타 공격을 시도했다고(이 모습을 상상할 수 없다면 브레멘 음악대를 떠올려보자). 하지만 결국 나그네는 가지가바바의 냄비를 공격했고 타격을 입은 가지가바바는 도망갔다. 가지가바바는 오래 살면서 요사스런 기운이 생긴 늑대일 가능성이 있다.

• 분류	• 출몰 지역	• 출몰 시기	• 기록 문헌
괴물	고치현	미상	민간 전설

• 특징
흰 털의 커다란 늑대. 머리에 냄비를 썼고 늑대들을 통솔한다.

◉ 구전 및 문헌 내용

• 고치현에 가지가바바 전설이 전해지는데 내용은 다음과 같다.
한 임산부가 길을 걷다가 늑대 무리를 만났다. 어쩔 줄 몰라 하
고 있던 차에 지나가던 나그네의 도움으로 나무 위로 피신했
다. 이를 본 늑대들은 갑자기 서로의 어깨를 타고 공격하려 했
다. 하지만 높이가 부족하여 공격하지 못했다. 이에 가지가바바
를 불렀는데, 가지가바바는 흰색의 늑대로 크기가 매우 컸으며
머리에 냄비를 뒤집어쓰고 있었다. 나그네는 흰색 늑대의 냄비
를 공격했고 결국 늑대는 떨어져 다른 늑대들과 함께 도망갔다.
나그네는 늑대의 핏자국을 따라 추적했는데 어느 대장간을 향
해 있었다. 대장간 안에는 한 노파가 머리를 싸매고 누워 있었
고 나그네는 이 노파가 요괴임을 알아채 단칼에 베었다. 그러자
흰 늑대로 변하여 죽었고 대장간을 수색하자 이미 잡아먹은 사
람들의 해골이 숨겨져 있었다.

가타와구루마

片輪車 かたわぐるま

일본

외발 바퀴를 타고 다니는 여성 귀물로, 오미국(近江国, 시가현)에 나타난다. 사람들이 모두 잠든 시간에 거리를 오가는데 움직이는 소리가 꽤 크다. 삐걱삐걱 소리에 놀라 이를 쳐다보거나 문을 열어 살피면 집에 있는 아이가 사라진다. 넋을 놓고 가타와구루마를 쳐다보다 뒤가 허전해 살펴보면 아이가 침상에서 사라져 있다고.

하지만 나쁜 귀물은 아닌 것이 대문에 "죄는 나에게 있으니 아무것도 모르는 아이는 숨기지 말아줘"라고 써놓으면 다음 날 아이를 다시 돌려준다. 아이를 돌려준 가타와구루마는 당분간 나타나지 않거나 "우리를 보지 말고 아이를 보라"라고 말하며 다닌다.

• 분류	• 출몰 지역	• 출몰 시기	• 기록 문헌
귀물	오미국	미상	《제국백물어》, 《화도백귀야행》

• 특징
외발 바퀴를 타고 다니는 여성 귀물로, 쳐다보면 아이를 납치한다.

◉ 구전 및 문헌 내용

• 《화도백귀야행》에 가타와구루마에 대한 이야기가 기록돼 있는
데, 내용은 다음과 같다.

과거 오미국 고카甲賀군에서 매일 밤 대로에서 차가 삐걱거리는
소리가 났다. 어떤 사람이 문틈으로 밖을 몰래 내다보았는데 침
실에 있는 아이가 어디에도 보이지 않았다. 어쩔 수 없어 글을
쓰기를 "죄는 나에게 있으니 아무것도 모르는 아이는 숨기지 말
아줘"라 했고 그날 밤 가타와구루마는 그 앞에 나타나 "선한 사
람이군" 하며 아이를 돌려주었다. 그 후로 사람들은 이 무서운
귀신을 볼 수 없었다고 한다.

• 《제국백물어》에서도 가타와구루마가 등장한다. 다만 여기서는
바퀴에 무시무시한 얼굴이 달려 있고 인간의 발을 물고 있는
모습으로 등장하는데, '와뉴도'와 더 유사해 보인다. 또 성격도
더욱 잔인하게 묘사됐는데, 가타와구루마를 계속 쳐다보다가
아이를 보면 발이 잘려 있다는 것. 앞서 설명한 물고 있는 발이
바로 아이의 발인 것이다.

간다르바

Gandharva

인도

술과 고기는 먹지 않고 오로지 향기만 먹고사는 정령족으로, 전쟁의 신 '인드라'의 부하이기도 하다. 모든 종족이 남성으로만 이루어져 있으며, 부인은 물의 요정 '압사라'다.

간다르바는 신들 주변을 배회하며 신들의 술을 지킨다. 또 음악적 재능이 뛰어나 늘 악기를 연주하며 지낸다. 부인 압사라는 천상의 무희이기 때문에 간다르바가 연주하면 옆에서 춤을 추곤 한다.

간다르바는 '건달파乾達婆'라고도 불리는데, 우리가 흔히 아는 '건달'이라는 말이 여기서 유래됐다. 연주를 하며 유유자적한 모습을 빗대어 이런 유래가 생긴 것으로 추정된다.

• 분류	• 출몰 지역	• 출몰 시기	• 기록 문헌
정령	전국 각지	상시 출몰	인도 신화

• 특징
향기만 먹고사는 정령족. 신들의 술을 지키는 일을 한다.

◉ 구전 및 문헌 내용

• 인도 신화에서 정령으로 등장하는 간다르바는 불교에서는 불
  법을 수호하는 수호신으로 등장한다. 팔부신중의 하나로, 팔부
  신중이 된 간다르바는 아이들을 못살게 구는 악귀 50마리를 해
  치우는 등 뛰어난 능력을 보인다. 인도 신화에서의 유유자적한
  모습과는 어울리지 않는 모습이다.

간바리뉴도

加牟波理入道 かんばりにゅうどう

일본

변소에 나타나는 귀물로,《화도백귀야행》에는 새를 토해내며 변소를 훔쳐보는 모습으로 그려져 있다. 실제로 간바리뉴도가 쳐다봐도 별다른 일은 일어나지 않는다. 다만 매우 기분이 나쁘다.

간바리뉴도는 섣달 그믐날에만 변소를 훔쳐보러 나타나는데, 용변을 보는 중에 "간바리뉴도 호토토기스加牟波理入道郭公"라고 말하면 훔쳐보지 못한다. 여기서 '곽공'은 두견새를 말하는데 중국 변소 귀신 중 하나인 '곽등(곽공)'이라는 말도 있다. 어쨌든 용변 보는 것을 쳐다본다니 절대 만나고 싶지 않은 요괴 중 하나다.

• 분류	• 출몰 지역	• 출몰 시기	• 기록 문헌
귀물	변소	섣달 그믐날	《화도백귀야행》

• 특징
변소에 숨어서 남의 용변 과정을 훔쳐보는 귀물.

◉ 구전 및 문헌 내용

• 《화도백귀야행》에는 간바리뉴도에 대한 이야기가 다음과 같이
  기록돼 있다.

  섣달 그믐날 변소에 가는 사람은 '간바리뉴도 호토토기스'라고
  말을 꺼내면 요괴를 보지 않는다고 알려져 있다. 중국에서는 변
  소 귀신의 이름을 '곽등'이라 한다. 곽등은 유천비기대살장군으
  로 인간에게 화복을 준다. 곽등과 곽공의 이야기는 동일한 이야
  기일 수도 있다.

갓파

河童 かっぱ

일본

잘 알려진 요괴로, 귀물보다 정령에 가깝다. 이름처럼 하천이나 늪, 물가에 산다. 주로 녹색이며 개구리 같은 얼굴에 아이 같은 몸집을 가지는데, 머리 위가 비어 있어 마치 접시와 같다. 이 부위에 물이 차 있는데 물이 마르면 죽는다. 손가락은 세 개고, 손가락 사이에는 물갈퀴가 있으며, 몸은 비늘로 덮여 있다. 재미있는 점은 양팔이 몸 안에서 연결돼 한쪽을 당기면 나머지도 따라 당겨진다고.

갓파는 현재까지 꾸준히 목격담이 있어 실제 존재하는 것 아니냐

• 분류	• 출몰 지역	• 출몰 시기	• 기록 문헌
정령	일본 전역	상시 출몰	민간 전설

• 특징
하천이나 늪에 사는 정령. 머리 위가 비어 있는데 물이 마르면 죽는다.

는 이야기가 있을 정도다. 실제로 지역마다 갓파에 대한 전설이 조금 씩 변형되어 퍼져 있다. 오이와 스모를 좋아한다.

◉ 구전 및 문헌 내용

• 갓파에 관한 전설은 지역마다 조금씩 다른데, 이 중 갓파가 사 람을 홀린다는 이야기도 있다. 규슈 지방에서는 달콤한 목소리 로 접근해 홀린다고 하고, 오이타현大分県에서는 홀리면 정신을 잃고 기억상실에 걸린다고 한다. 나가사키현長崎県에서도 갓파 에게 홀리면 헛소리를 하며 식사를 못 하게 된다는 전설이 있다.

• 갓파와 관련된 '하동석河童石'이라는 돌도 존재한다. 하동석은 갓파의 거점 같은 것인데, 이에 대한 전설은 다음과 같다.

옛날 한 남자가 강에 있는 이상한 바위 근처에서 놀고 있었는데 물속에서 팔이 쏙 올라왔다. 남자가 매우 놀라 팔을 잡아당겼는 데 팔이 빠졌다. 남자는 놀라 팔을 들고 집에 왔고, 그날 밤 꿈 에 갓파가 나타났다. 갓파는 "내 팔을 돌려줘! 바위에 물고기를 올려주마!"라고 했고 남자는 다음 날 팔을 강가에 돌려주었다. 그러자 이튿날 바위 위에 물고기가 올려져 있었다.

강시

僵尸

중국

죽었지만 살아 움직이는 시체. 영화에 많이 등장하는 중국의 대표 괴물 중 하나다. 부두의 좀비와 비교되는데 성향이 조금 다르다. 좀비에 물리면 감염되지만 강시는 단지 움직이는 시체일 뿐이다. 다만 힘이 매우 세서 팔을 한 번 휘두르면 나무를 쓰러뜨릴 수 있을 정도라고.

강시는 우스꽝스럽게 양팔을 앞으로 내밀고 통통 튀어 이동하는데, 이는 몸이 굳어 인간처럼 자연스럽게 움직일 수 없기 때문이다.

〈강시선생殭屍先生〉등의 일반적인 강시 영화에서는 영환도사가 사체를 살아 있는 것처럼 만드는 주술인 '도시송시술跳屍送尸術'을 이용해 강시를 만든다. 또 영화에 등장하는 강시는 주로 관에 들어가 있으며 부적으로 퇴치할 수 있다.

• 분류	• 출몰 지역	• 출몰 시기	• 기록 문헌
괴물	영안실, 무덤가	시대 불문	《요재지이》

• 특징
살아 움직이는 시체로 매우 힘이 세다. 콩콩 뛰어 움직인다.

강시는 고서마다 나타나는 모습이 다른데 살아 있는 이에게 죽음
의 숨결을 불어넣어 사망하게 만들기도 한다. 강시가 변하면 괴물인
'후'가 되기도 한다.

◉ **구전 및 문헌 내용**
• 포송령이 쓴 《요재지이》에 여성 강시의 모습이 등장하는데, 그
 모습이 매우 섬뜩하다. 내용은 다음과 같다.

 채점이라는 마을에 나그네 넷이 한 여관에 들렀다. 여관에 방이
 없어 주인이 묵기 어렵다고 했지만 나그네들은 방을 달라고 간
 곡히 부탁했다. 결국 나그네들은 주인의 죽은 며느리 시체가 있
 는 영안실에서 잠을 자게 되었다. 이후 자던 나그네 하나가 깨
 어나 놀라운 광경을 보게 됐는데, 여인의 시체가 벌떡 일어나 잠
 든 세 사람에게 다가와 입으로 숨을 내뿜는 것이었다. 깬 사내
 는 무서워서 자는 척했지만 결국 들켜 부랴부랴 도망갔다. 시체
 는 힘차게 달리는 사내를 쫓아왔고, 사내가 나무 뒤에 숨자 시
 체는 두 팔로 나무를 껴안으며 사내를 공격했다. 하지만 사내는
 잘 피했고 시체는 나무와 함께 뻣뻣하게 굳어버렸다. 추후 여관
 에 가니 숨결을 맞은 세 남자는 모두 사망했다.

개명수

開明獸

중국

신선의 땅인 곤륜산에 거주하는 괴물로, 개명수의 '개명'은 밝음을 열어준다는 뜻이다.

곤륜산의 사방에는 아홉 개의 문이 있는데 개명수는 이 문을 지키는 신수로, 실제 거주하는 곳은 곤륜산 남쪽의 연못이다. 신수이지만 그 모습이 기괴한데, 몸은 호랑이와 닮았고 아홉 개의 머리가 달려 있다. 아홉 개의 머리는 모두 다른 사람의 얼굴을 하고, 항상 곤륜산의 정상을 바라보며 서 있다. 머리가 많은 만큼 지혜롭다고 알려져 있다.

• 분류	• 출몰 지역	• 출몰 시기	• 기록 문헌
괴물	곤륜산의 아홉 문	미상	《산해경》
• 특징			
아홉 문을 지키는 아홉 개의 머리가 달린 괴물로, 지혜롭다.			

◉ 구전 및 문헌 내용

• 《산해경》에서는 개명수에 대해 다음과 같이 묘사한다.

곤륜산 사방에는 아홉 개의 우물이 있고 옥으로 된 난간이 있다. 또 아홉 개의 문이 사방에 있는데, 이 문에는 개명수라는 신수가 지키고 있다.

곤륜산 남쪽에는 연못이 하나 있는데 그 연못의 길이는 300길이다. 이 연못에는 개명수가 사는데 몸은 호랑이와 같고 머리는 사람과 같다. 머리는 아홉 개인데 모두 다른 얼굴을 하고 있으며 동쪽을 향해 서 있다.

견고

犬蛊

중국

귀신처럼 이상한 형태로 변하는 벌레. 개나 돼지나 뱀의 모습을 하기도 한다. 그래서 원래 모습이 무엇인지 알기 어렵고, 벌레의 원형을 본 사람은 아무도 없다. 견고는 자연 발견되기 어렵고 대부분 사육을 통해 생긴다. 형태가 변하는 이상한 재주 외에도 살인적인 독을 가지고 있어 한 번 물리면 즉사한다. 심지어 모습도 다양하니 벌레의 정체를 알아차리기는 쉽지 않다. 견고는 사람을 매우 경계하고 사람 앞에서는 개로 변할 때가 많다. 갑자기 자신을 향해 미친 듯이 짖는 개를 본다면 견고를 의심해야 할 것이다.

• 분류	• 출몰 지역	• 출몰 시기	• 기록 문헌
괴물	파양군	미상	《수신기》

• 특징
개, 뱀, 돼지 등으로 변하는 기괴한 독충.

◉ 구전 및 문헌 내용

• 《수신기》에서는 견고에 대해 다음과 같이 묘사한다.

파양군에 조수라는 이가 사는데 그가 기르는 견고라는 독충은 매우 기괴하다. 어느 날 진잠이라는 이가 조수를 만나러 간 일이 있다. 그때 커다란 개들이 나와 진잠을 향해 짖어대 매우 놀랐는데 (…) 견고는 귀신처럼 요상하게 자신의 몸을 바꾼다. 개나 돼지, 벌레, 뱀 등 다양한 형태를 취하는데 키우는 조수조차 벌레의 원모습을 알지 못했다. 독충 견고가 무는 사람은 독이 퍼져 모두 사망했다.

경기

慶忌

중국

키가 한 척(약 30cm) 이하인 작은 인간형 정령족. 주로 노란 옷을 입고 노란 투구를 쓰고 다니는데 수레를 타고 나타나기도 한다. 때로는 작은 말을 타고 다니기도 하는데 이 모습이 꽤나 귀엽다. 경기가 목격되는 곳은 주로 말랐거나 마르기 직전인 시내나 계곡. 원래 이름은 경기가 아니며, 원래 이름을 알면 경기에게 일을 시키거나 부릴 수 있는데 속도가 매우 빨라 천 리를 하루 만에 다녀올 정도다. '지蚔'라는 뱀을 낳기도 하는데 이 뱀은 머리가 하나고 몸이 둘이며 길이는 여덟 척(약 2.4m)이다. 이들은 괴물이라기보다 정령에 속한다.

• 분류	• 출몰 지역	• 출몰 시기	• 기록 문헌
정령	마른 시내나 계곡	기원후 12년	《수신기》

• 특징
매우 작은 인간형 정령. 원래의 이름을 알면 부릴 수 있다.

◉ 구전 및 문헌 내용

• 《수신기》에는 경기에 대해 다음과 같은 내용이 기록돼 있다.

왕망이 나라를 세운 지 4년째 되는 때다. 지양현에 소인들이 목격되었다. 키는 한 척이 될까 말까 한데 수레를 타거나 걷고 있었다. 소인들은 각자 옷과 무기를 들고 있었는데 삼 일째가 되자 사라졌다. (…) 마른 냇물 근처에는 경기라는 정령이 나타난다. 이들은 사람처럼 생겼는데 노란 옷을 입고 노란 투구를 쓰고 작은 말을 타고 다니기도 한다. 원래의 이름은 알 수 없으나 이를 알아내 부르면 심부름을 시킬 수 있다. 이들은 매우 빨라 천 리 밖도 하루 만에 다녀올 수 있다. (…) 이들은 지라는 뱀을 낳는데 머리는 하나요 몸은 둘이다.

鼓

중국

종산鍾山 산신의 아들로, 얼굴은 사람인데 몸은 용의 형태를 하고 있다. 이는 광산光山의 신인 '계몽'과 정반대의 형태이나 둘 사이에는 아무런 관계가 없다. 성격이 좋지 않고 난폭한 편인데 다른 신인 '흠비'와 함께 하늘의 신인 '보강(葆江, 조강이라고도 한다)'을 죽이기도 한다. 이 때문에 천제에게 죽임당했고 죽고 난 뒤 '준조鵕鳥'라는 괴물 새로 다시 태어났다.

준조는 솔개, 매처럼 매섭게 생겼고 노란빛을 띠며 흰 머리와 붉은 발을 가지고 있다. 부리는 단단하게 생겼고 울음소리는 기러기 같다고 전해진다. 준조가 나타나면 그해에는 큰 가뭄이 들기 때문에 농부들이 무서워하는 새이기도 하다.

• 분류	• 출몰 지역	• 출몰 시기	• 기록 문헌
괴물	종산	미상	《산해경》

• 특징
난폭한 괴물로, 사람의 머리에 용의 몸을 하고 있다.

◉ 구전 및 문헌 내용

• 《산해경》에는 고에 대한 이야기가 다음과 같이 기록돼 있다. 이 기록은 고의 모습을 매우 잘 보여주는 대목이다.

종산의 산신에게는 아들이 있는데, 그 아들의 이름이 고다. 그는 사람의 머리에 용의 몸을 가지고 있다. 그는 흠비와 공모하여 곤륜산 남쪽에서 천신인 보강을 죽인다. 천제는 노하여 이 둘을 종산의 동쪽에서 벌하여 죽였다. (…) 고는 죽은 다음 괴물 새인 준조로 변했는데 형상은 마치 솔개와 같았다. 발이 붉고 부리는 단단했으며 노란 몸에 하얀 머리를 가지고 있었다. 그가 내는 울음소리는 기러기 같았으며 준조가 나타나면 거대한 가뭄이 들어 사람들이 근심했다.

고나키지지

児啼爺 こなきじじい

일본

산속에서 갑자기 어린아이의 울음소리가 들린다면 고나키지지가 있
다는 증거다. 아이같이 생긴 고나키지지가 응애응애 하고 울면 측은
한 마음에 사람들이 다가와 안게 되는데, 갑자기 무게가 무거워져 움
직일 수 없게 된다. 결국 고나키지지는 안은 사람을 죽인다.

어린아이의 소리를 내지만 막상 안아서 얼굴을 보면 할아버지나 할
머니의 모습을 하고 있다는 전설도 있다. 다리가 하나라거나 실은 호
박에 귀물이 붙어서 생긴 요괴라는 전설도 있다. '고갸나키ごぎゃ啼き'
라고 불리기도 하는데 이는 '고갸고갸' 하고 울기 때문이다.

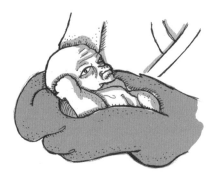

• 분류	• 출몰 지역	• 출몰 시기	• 기록 문헌
귀물	도쿠시마현 일대	상시 출몰	민간 전설

• 특징
아이의 몸에 노인의 얼굴을 하고 있다. 안으려 하면 갑자기 무거워진다.

◉ 구전 및 문헌 내용

• 도쿠시마현德島県 전설을 살펴보면 고나키지지에 대한 재미있
  는 이야기가 나온다. 내용을 정리하면 다음과 같다.

  한 노인이 길을 가다 산에서 우는 고나키지지를 만났다. 이 노
  인은 고나키지지를 집으로 데려가 가마솥에 넣고 끓였는데 가
  마솥 안에서 아이의 울음소리가 계속해서 났다. 잠시 후 솥뚜껑
  을 열어 보니 호박만이 있었다.

고로폿쿠루

コロポックル

일본

아이누アイヌ 지역 전설에 나오는 종족으로, 이름을 해석하면 '머위 잎 아래 사는 사람들'이라는 뜻이다. 고로폿쿠루의 키는 어린아이 정도여서 머위 잎 아래에 옹기종기 모여 있을 수 있는데 그런 연유로 이런 이름이 붙여졌다. 재빠르고 작아서 눈에 잘 띄지 않는데 부끄러움이 많고 내성적이라 사람들 앞에 잘 나타나지 않는다. 하지만 유한 성격을 얕보고 장난치면 저주를 걸기도 하니 조심해야 한다.

비가 오는 날 머위 잎 아래를 보면 빠르게 지나다니는 고로폿쿠루를 만날 수 있고, 특히 물고기 사냥을 잘한다고 한다.

• 분류	• 출몰 지역	• 출몰 시기	• 기록 문헌
종족	아이누 지역	미상	민간 전설

• 특징
아이누 지역에 거주하는 소인족으로, 부끄러움이 많고 눈에 잘 띄지 않는다.

◉ 구전 및 문헌 내용

• 아이누 지역에 전해지는 고로폿쿠루의 이야기를 들으면 왜 그
들이 아이누 지역을 떠났는지 알 수 있다. 전설에 의하면 원래
고로폿쿠루는 인간과 잘 지냈다. 하지만 한 청년이 물건을 교
환하러 온 고로폿쿠루의 손을 잡아 억지로 햇빛으로 끌어냈다.
햇빛에 비친 고로폿쿠루는 아름다운 여인의 모습이었다. 고로
폿쿠루는 장난에 노하여 "도캅푸치"라고 외쳤다. 도캅푸치란 물
은 마르고 물고기는 썩을 것이라는 저주로, 이것은 '도카치十勝'
라는 지명의 유래이기도 하다. 화가 난 고로폿쿠루는 북쪽 바
다 너머로 가버렸다.

고센조비

古戰場火 こせんじょうび

일본

전쟁터에서 생기는 기묘한 불덩이로 한국의 '도깨비불', 중국의 '인'과 비슷하고 심지어 일본 괴물 '시라누이不知火しらぬい'와도 유사하다. 중국의 '인'도 전쟁터에서 생기는데, 이는 죽은 이의 혼이 황량한 들판에서 도깨비불로 나타나기 때문이다. 고센조비는 핏자국이 없는 곳에서도 갑자기 생길 수 있다. 이 외에 푸른 조류의 몸이 밤에 빛나는 '아오사기비青鷺火あおさぎび' 현상도 있다.

• 분류	• 출몰 지역	• 출몰 시기	• 기록 문헌
귀물	전쟁터	상시 출몰	《화도백귀야행》

• 특징
전쟁터에서 부유하며 떠돌아다니는 불덩이로, 죽은 이의 혼으로부터 생긴다.

◉ 구전 및 문헌 내용

• 《화도백귀야행》에 고센조비에 대한 이야기가 짧게 기록돼 있다. 고센조비는, 한 장수가 만골이 되면 황량한 들판에서 도깨비불로 다시 탄생해 불타는 것이다. 고센조비는 피가 흘러내린 자국이 없어도 갑자기 생겨나 솟아나곤 한다.

고와이

狐者異 こわい

일본

일본에서는 '무섭다'라는 말을 '고와이こわい'라고 하는데, 이 말의 어원인 요괴다. 고와이는 욕심쟁이 요괴로, 여기저기 나타나 집에서 버린 음식물 쓰레기, 인골, 죽은 동물, 인간의 시체까지 먹어치운다. 살아생전 남의 먹을 것에 집착하거나 훔쳐 먹으면 죽어서 고와이가 되는데, 요괴가 되어서도 음식에 대한 집착을 버리지 못한다. 고와이는 창백한 얼굴에 두 개의 손가락을 가지고 있어 보기만 해도 흉측하다. 또 무엇이든 먹어치우기 위해 입을 조금 벌리고 군침을 흘리는 표정으로 자주 기록돼 있다.

• 분류	• 출몰 지역	• 출몰 시기	• 기록 문헌
귀물	일본 각지	상시 출몰	《회본백물어》

• 특징
죽어서도 탐욕을 버리지 못해 시체까지 먹어 치우는 귀물.

◉ 구전 및 문헌 내용

• 《회본백물어》에는 고와이의 그림과 설명이 기록돼 있다. 마치
죽은 사람의 모습으로 입을 벌려 음식을 탐하는데, 손가락은
두 개에 충혈된 눈이 튀어나와 있다. 고와이가 "무섭다(고와이)"
라는 말의 유래일 수 있다고 설명한다.

곡창

鵠蒼

중국

'황룡'이 변한 개. 개의 모습을 하고 있으나 이는 인간 세상에 머물 때의 모습이며 죽기 직전에는 모습이 변화한다(다만 용으로 변하진 않는다). 기록에 의하면 뿔이 생기고 아홉 개의 꼬리가 돋아난다고.

　황룡은 신 중 하나인데 개의 모습으로 인간 세상에 올 때는 특별한 목적이 있어서다. 그것은 귀한 보물을 지키거나 뛰어난 인재나 하늘에서 내려준 인간을 보호하려는 것이다. 하지만 안타깝게도 개의 모습일 때는 딱히 신통력이나 신비력을 발휘하지는 않는다.

• 분류	• 출몰 지역	• 출몰 시기	• 기록 문헌
신	서나라	서나라 때	《박물지》

• 특징
개의 모습으로 변한 황룡. 죽을 때 뿔이 생기고 꼬리가 아홉 개로 변한다.

◉ 구전 및 문헌 내용

• 《박물지》에는 황룡이 변한 개인 곡창의 이야기가 실려 있다.

서나라의 궁녀가 임신하여 알을 낳았다. 이를 안 임금은 괴이한 일이라 여겨 강에 버렸는데 곡창이라는 개가 이를 물고 집으로 갔다. 곡창은 한 노파의 개였는데 노파는 이 개가 주워온 알을 신기하게 여겨 따뜻하게 덮어주었다. 어느 날 알에서 한 아이가 태어났는데 노파는 이 아이에게 '눕히다'라는 뜻의 '언偃'이라는 이름을 붙이고 아들로 삼았다. 추후 이 아이는 서나라의 임금이 되었고 곡창은 죽을 때가 되자 뿔이 생기고 꼬리가 아홉 개가 되었다. 서나라의 언왕은 곡창이 죽자 성대하게 장사를 지내주었다고 한다.

과보

夸父

중국

중국 전설에 등장하는 거인 괴수로, 토지의 신 '후토后土'의 후손이다. 두 귀에 노란 뱀을 걸고, 두 손에 노란 뱀을 잡고 있다. 몸집은 거대하고 빨리 달린다. 하지만 그에 비해 체력은 그리 좋지 않은 듯하다. 과보가 태양과 달리기를 하다가 목이 말라 두 개의 강물을 모두 마셨는데 결국 목이 말라 죽었다는 기록이 있기 때문이다.

쓰러져 죽을 때 그가 들고 있던 지팡이가 바닥으로 떨어졌는데 과보 시체를 양분으로 자라나 '등림鄧林'이라는 전설의 복숭아나무 숲을 이루었다. 이 숲은 추후 점점 넓어져 수천 리나 되었다고 한다.

• 분류	• 출몰 지역	• 출몰 시기	• 기록 문헌
괴물	박보국 서쪽	미상	《박물지》, 민간 전설

• 특징
거대한 몸집을 자랑하는 거인. 태양과 달리기를 하다가 죽었다.

◉ 구전 및 문헌 내용

• 《박물지》에는 태양과 달리기를 한 거인 과보의 이야기가 있다.

박보국博父國 서쪽 방향에 과보라는 거인이 있었는데 태양과 달리기를 했다. 과보는 달리기를 하던 중 목이 말라 황하와 위수의 물을 모두 마셨다. 하지만 그럼에도 갈증이 해소되지 않아 북쪽 큰 호수의 물을 마시려 했다. 하지만 이 호수에 닿기 전에 목이 말라 사망했으며 죽을 때 놓아버린 지팡이에서 등림이라는 복숭아나무 숲이 생겼다.

교인

鮫人

중국

남해 바다에 사는 종족. 물고기처럼 물속에서 생활할 뿐 아니라 생김새 또한 물고기를 닮았다는 이야기가 있다. 주로 길쌈(실을 내어 옷감을 짜는 모든 일)을 하는데, 솜씨가 꽤 뛰어나다. 이들이 짠 직물을 '교초'라고 하는데 비싼 가격에 거래된다.

교인은 다른 종족에게 사냥을 당하기 쉬운데 그들이 흘리는 눈물이 진주로 변하기 때문이다. 교인은 바다에서 열리는 시장인 '해시'에 진주와 보물을 파는 장을 여는데 평소에 보지 못하는 다양한 것을 가져온다. 이곳에서 파는 것들은 만국의 상인이 와서 구매하지만 이 세상의 존재가 아닌 귀신이나 요괴, 나찰羅剎들도 와서 구매한다.

• 분류	• 출몰 지역	• 출몰 시기	• 기록 문헌
종족	남해 지역	미상	《박물지》, 《수신기》, 《요재지이》
• 특징			
전설의 종족으로 물속에서 생활하며 직물을 짠다. 눈물이 진주로 변한다.			

◉ 구전 및 문헌 내용

• 《박물지》와 《수신기》에는 다음과 같은 이야기가 기록돼 있다.

　　남해 밖에는 교인이라는 이상한 종족이 있다. 이들은 물고기처럼 생겨 물속에서 생활하는데, 주로 베를 짜는 일을 한다. 이들은 베 짜는 일을 쉬지 않는다. 교인의 눈에서 흐르는 눈물은 굳어져 진주로 변한다.

• 《요재지이》에서는 '마기馬驥'라는 이가 '나찰국羅刹國'에 표류하는데, 이곳에는 흉측한 사람들만 살고 있었다. 이 마을 사람들이 해시에 대한 이야기를 하는데, 그 내용은 다음과 같다.

　　해시는 바닷속에서 열리는 장터입니다. 교인들이 와서 물건들을 파는데 주로 진주와 보물, 보석을 팝니다. 그 때문에 다른 나라에서도 와서 물건을 교환하거나 거래를 하죠.

구미호

九尾狐

아시아 전반

꼬리가 아홉 달린 여우. 한국과 중국과 일본, 인도 등 아시아 전반에 퍼져 있는 괴물이다. 이쯤 되면 실제 존재했을지 의심스러울 정도.

중국 초기 구미호의 모습은 《산해경》에서 찾아볼 수 있는데 청구국靑丘國 청구산靑丘山에 거주하고 있는 것으로 기록돼 있다. 꼬리는 아홉 개이며 울음소리가 마치 어린아이와 같다고. 또 구미호는 사람을 잡아먹는 여우라고도 하는데 이뿐 아니라 아름다운 인간으로 변해 사람을 홀려 나라를 망하게 하는 일도 더러 있다. 《봉신연의》에서는 주왕紂王을 홀리는 여왕 달기妲己가 구미호라고 기록돼 있다. 구미호를 고아 먹으면 '고'라는 벌레에 미혹되는 '고혹병蠱惑病'에 걸리지 않는다고 한다.

62

• 분류	• 출몰 지역	• 출몰 시기	• 기록 문헌
괴물	청구산 일대	상시 출몰	《산해경》, 《의학입문》

• 특징
꼬리가 아홉 개 달린 여우. 아름다운 인간으로 변해 사람을 홀린다.

◉ 구전 및 문헌 내용

• 《산해경》에 등장하는 구미호의 모습은 다음과 같다.

청구산에 짐승이 있는데 생김새는 여우와 같다. 이 여우는 꼬리가 아홉 개이며 울음소리가 마치 어린아이 울음소리와 닮았다. 사람을 잡아먹으니 위험한데 이 여우를 먹으면 고혹병에 걸리지 않는다.

• 이천이 엮은 의학서 《의학입문》에 보면 단약 '벽사단'을 제조하는 방법이 소개된다. 이 단약은 구미호를 물리치는 힘을 가지고 있는데, 조제법은 다음과 같다.

인삼, 적복신, 원지, 귀전우, 석창포, 백출, 창출, 당귀 각 1냥, 도노 5돈, 웅황, 주사 각 3돈, 우황, 사향 각 1돈을 준비한다. 이를 모두 가루 내어 술을 넣어 쑨 풀로 뭉쳐 환을 만든다. 그 위에 금박을 입히도록 한다.

• 일본 도서인 《화도백귀야행》에서도 '다마모노마에 玉藻前'라는 구미호 이야기가 등장하는데, 여기서도 상나라의 달기가 여우의 정령이라고 기록돼 있다.

궁기

窮奇

중국

중국 전설에 등장하는 괴수. 사악하고 지능이 뛰어난 종족인 '사흉四
凶' 중 하나로, 사흉은 '혼돈渾沌', '도올檮杌', '궁기窮奇', '도철饕餮'을
말한다.

규산邽山에 거주하고, 생김새는 호랑이 혹은 소 같다. 털은 뾰족하
니 고슴도치 같아 만지면 찔릴 수 있다. 날개가 있어 하늘을 날 수 있
는데 사람을 잡아먹는 것으로 알려져 있다. 단, 사람을 먹을 때는 머
리부터 먹는다고 한다(발부터 먹는다는 말도 있다). 울음소리는 개와 비
슷하여 얼핏 들으면 착각할 정도.

《신이경》에서의 궁기의 모습은 악독한데, 정직한 이의 코는 뜯어

64

• 분류	• 출몰 지역	• 출몰 시기	• 기록 문헌
괴물	규산 일대	미상	《산해경》, 《신이경》

• 특징
날개 달린 호랑이의 모습을 하고 있다. 사람을 머리부터 잡아먹는다.

먹고 악한 이에게는 짐승을 잡아 바쳤다고 한다. 이는 신수와 대척되는 마수魔獸로서의 모습을 보이는 것이다.

⊙ 구전 및 문헌 내용

• 《산해경》에는 궁기가 두 번 언급되는데, 그 내용이 상이하다.

규산에 짐승이 있는데 소와 같이 생겼으며 고슴도치와 같은 날카로운 털을 가지고 있다. 이 짐승의 이름은 궁기이며 개의 소리를 낸다. 이 짐승은 사람을 잡아먹는다.

궁기는 호랑이 같이 생긴 짐승으로 날개가 달려 있다. 사람을 먹는데 꼭 머리부터 먹는다.

• 《신이경》에 등장하는 궁기의 모습은 다음과 같다.

서북쪽에 있는 한 짐승은 호랑이를 닮았는데 날개가 달려 있다. 날 수 있으며 사람의 말도 알아듣고 정직한 이를 잡아먹는다. 악한 이에게는 짐승을 잡아 바치며 정직한 이의 코는 뜯어먹는다. 이 짐승은 궁기라고 한다. 다른 새나 짐승도 잡아먹는다.

귀탄

鬼彈

중국

독이 있는 강에 사는 괴물. 생김새는 알 수 없는데, 모습을 잘 드러내지 않기 때문이다. 그래서 귀탄을 본 사람도 없다.

귀탄은 움직일 때마다 부딪히는 소리를 내는데, 소리가 꽤 요란하고 위력도 어마어마하다. 이를테면 나무에 부딪히면 나무가 부러지고 사람과 부딪히면 사람이 즉사한다. 근처 마을에 거주하는 이들은 귀탄을 형벌의 도구로 이용하기도 한다. 죄 지은 이를 강가에 묶어 앉혀 놓으면 귀탄이 여기저기 부딪히다 죄인과도 부딪히는데 결국 죄인은 사망한다. 기록에 의하면 이러한 방법으로 죄인들이 열흘 만에 모두 죽었다고 한다.

• 분류	• 출몰 지역	• 출몰 시기	• 기록 문헌
괴물	금수강 일대	한나라 때	《수신기》

• 특징
모습을 본 이는 아무도 없지만 이 괴물과 부딪히면 즉사한다.

◉ 구전 및 문헌 내용

• 《수신기》에 등장하는 귀탄의 모습은 다음과 같다.

한나라 영창군에 금수라는 강이 있었다. 이 강에는 독기가 있어 겨울철인 11월과 12월에 건널 수 있었다. (…) 이 강에는 모습을 드러내지 않는 괴물이 사는데 움직일 때마다 무언가 부딪히는 소리를 냈다. 다만 나무에 부딪히면 나무가 쓰러지고 사람이 부딪히면 즉사했다. 이 괴물은 귀탄이라 불리는데 마을 사람들은 죄를 지으면 강가에 앉혀 놓아 이 괴물을 만나게 했다. 이리하면 죄인들은 열흘 안에 모두 사망했다.

기

夔

중국

유파산에 사는 정령형 괴물. 민담이나 전설에 많이 등장하는 괴물로, 고대부터 중국 문헌에 기록된 존재다. 우리나라의 산도깨비처럼 자연물인 나무나 돌에서 발생하고 그 수가 많지 않은데, 세상에 오직 세 마리밖에 없다는 전설도 있다. 그래서 목격하기 어렵다.

모습은 소를 닮았는데 다리가 하나고 용 같은 존재다. 뿔은 없고, 몸은 푸른색인데 이 빛이 매우 강해 마치 해와 달 같다고 전해진다. 입에서는 천둥소리와 같은 울음소리가 나고, 물에 들어가면 폭풍우

• 분류	• 출몰 지역	• 출몰 시기	• 기록 문헌
정령	유파산	미상	《박물지》, 《산해경》, 《수신기》

• 특징
외발을 가진 산에 사는 정령. 몸이 푸른색을 띤다.

가 인다. 가죽에는 신령한 힘이 있어 북이나 나팔 등을 만들면 그 소리가 먼 곳까지 퍼진다.

◉ 구전 및 문헌 내용

• 《박물지》에서 등장하는 기의 모습은 다음과 같다.

산에는 도깨비와 같은 것이 살고 있다. 이 짐승은 다리가 하나고 용과 같은 존재다.

• 《수신기》에는 기가 목석 괴물이라고 기록돼 있다. 이는 기가 나무와 돌에서 생겨나는 괴물로 추정할 수 있는 대목이다.

• 《산해경》에는 기로 만든 북에 대한 내용이 등장하는데, 내용은 다음과 같다.

동해 가운데 유파산이 있으며 그곳에 짐승이 있는데 생김새는 소와 같고 뿔이 없으며 다리가 하나다. (…) 황제가 기를 잡아 그의 가죽으로 북을 만들었다. 또 뇌의 뼈를 북채로 만들었는데 이 북채로 북을 치면 소리가 오백 리 밖까지 들렸다. 황제는 이 북으로 천하에 위세를 떨쳤다.

기굉국인

奇肱國人

중국

기굉국이라는 나라에 사는 종족. 기굉국이 어디인지는 알 수 없으나 옥문관玉門關으로부터 4만 리 떨어진 곳으로 추정된다. 이 나라 사람들은 독특한 생김새를 가졌는데 팔이 하나고 눈은 세 개다. 특히 눈을 자세히 보면 반으로 갈라져 있는데 반은 검고 반은 희다.

생김새도 독특하지만 기굉국인의 남다른 면모는 발명에 있다. 이들은 머리가 비상하고 창의력이 있어 이상한 물품을 많이 만드는데, 대표적인 발명품이 하늘을 나는 수레다. 이 수레는 바람을 이용해서 날아가는데 마치 돛을 단 배와 같다. 또 새잡이 도구를 잘 만들어 모

• 분류	• 출몰 지역	• 출몰 시기	• 기록 문헌
종족	기굉국	미상	《박물지》, 《산해경》

• 특징
팔이 하나고 눈이 세 개인 종족. 뛰어난 발명품을 만들어낸다.

든 새를 잡아 죽였다고 한다. 또 기굉국에는 갈기가 붉고 눈은 황금
색인 말, 문마文馬가 있어 기굉국인들은 이 말을 타고 다닌다.

👁 구전 및 문헌 내용

• 《박물지》에서 등장하는 기굉국인에 대한 내용은 다음과 같다.

팔이 하나인 기굉국 사람들은 새를 잡는 도구를 만들어 모든 새
들을 죽였다. 기굉국 사람들은 하늘을 나는 수레를 만드는데 이
수레는 바람을 이용해 멀리까지 갈 수 있다. 은나라 탕 임금 때
기굉국인들이 서풍을 타고 예주에 도착한 적이 있다. 탕 임금은
수레를 망가뜨렸는데 10년 후 동풍이 불 때 다시 수레를 만들어
그들 나라로 돌려보냈다.

• 《산해경》에도 기굉국에 대한 이야기가 등장한다.

기굉국 사람들은 팔이 하나고 눈이 세 개다. 눈을 보면 반은 어
둡고 반은 밝다. 또 문마를 타고 다닌다. 기굉국에는 새가 있는
데 머리가 둘이고 하나는 붉고 하나는 노랗다. 이 새들은 기굉
국 사람들 곁에 있다.

기린

麒麟

한국, 중국, 일본

외뿔을 가진 전설의 동물. 기린은 수컷을 '기', 암컷을 '린'이라고 하며 이 둘을 합쳐 기린이라 하고, 검은 기린은 '각단角端'이라고 부르기도 한다. 기린은 여러 동물의 조합으로 이루어졌는데 몸은 사슴, 꼬리는 소, 발과 갈기는 말을 닮았으며 발에는 다섯 개의 발굽이 나 있다.

기린은 상서로운 짐승으로 알려져 있고, 얼핏 보면 네발 달린 용처럼 보일 때가 있어서 용과 비슷하게 그려지기도 한다. 나라가 흥하거나 태평성대를 이루면 자주 목격된다.

기린은 꽤 격렬하게 싸우는 편이며, 싸움 중에는 일식이 일어난다. 기린은 절대 무리를 지어 살지 않고 땅을 가려 밟으며 앉은 자리도 평평하다. 고고한 짐승임에 틀림없다.

• 분류	• 출몰 지역	• 출몰 시기	• 기록 문헌
괴물	한국, 중국, 일본 각지	상시 출몰	《당송팔대가문초》, 《박물지》, 《설원》 등

• 특징			
외뿔을 가진 신성한 동물. 수컷을 '기', 암컷을 '린'이라 부른다.			

◉ 구전 및 문헌 내용

• 《박물지》에는 기린의 싸움에 대한 내용이 기록돼 있다.

　기린이 싸우면 일식이 생긴다. 또 고래가 죽으면 혜성이 되어 나타난다.

• 한나라의 유향劉向이 기록한 《설원》에는 무제가 제사를 지내러 가던 중 기린을 포획한 장면이 기록돼 있다. 이때 잡은 기린은 흰 기린이었는데 뿔이 하나에 발마다 발굽이 다섯 개씩 나 있었다고 한다.

• 《당송팔대가문초》에는 기린의 생김새뿐 아니라 습성까지 잘 나타나 있다. 내용은 다음과 같다.

　기린은 사슴의 몸에 소의 꼬리를 하고 있다. 이마는 둥글어 외뿔이 있는데 걸음걸이는 조심스럽고 기품이 있으며 몸을 돌리는 동작은 법도에 맞고 땅을 가려 밟는다. 일어난 자리가 평평한데 절대 무리 지어 거주하지 않는다.

기요히메

清姫 きよひめ

일본

인간에게 배신당한 마음이 커서 거대한 뱀으로 변한 괴물로, 흉측하고 악독하게 생겼다. 이 뱀은 입에서 불을 뿜기도 하는데 화력이 엄청나서 사람을 잿더미로 만들 정도다. 배신자를 끝까지 쫓아가서 불태워 죽인다.

기요히메는 분노로 불의 화신이 되었지만, 우리나라에도 사랑의 마음 때문에 불의 화신이 된 '지귀'라는 귀물이 있다. 지귀는 선덕여왕을 향한 사랑으로 온몸이 활활 타버린 후 불덩이가 되어 마을을 태운다.

• 분류	• 출몰 지역		• 출몰 시기	• 기록 문헌
괴물	기이국(현 와카야마현)		엔조 6년	민간 전설

• 특징
배신자를 쫓는 거대한 뱀. 입에서 불을 뿜어 배신자를 태운다.

◉ 구전 및 문헌 내용

• 일본에서 전해져 내려오는 기요히메 전설의 내용은 다음과 같다.
엔조延長 6년 기이국紀伊国의 무로군牟婁郡에 위치한 기요쓰구清
次의 집에 안친安珍이라는 승려가 하룻밤 묵었다. 기요쓰구의
딸은 안친을 보고 첫눈에 반했고, 밤에 방에 몰래 들어가 사랑
을 고백했다. 안친은 참배 일정이 있어 이 일이 끝나면 돌아오
겠다고 하고 딸을 돌려보냈는데, 결국 참배 후에 이곳을 들르지
않고 가버렸다. 이를 뒤늦게 알아챈 딸은 안친을 만나러 맨발로
뛰어가 길목에서 만나지만 안친은 사람을 잘못 보았다며 도망
쳤고, 결국 구마노의 산신에게 부탁해 딸을 묶어놓기까지 한다.
딸은 화가 난 나머지 배신감에 치를 떨다가 결국 커다란 뱀으로
변한다. 그리고 자신을 배신하고 거짓말한 안친을 뒤쫓는다. 결
국 안친은 강을 건너 도조지道成寺까지 도망쳤고, 이를 본 승려
들은 범종 안에 안친을 숨겨준다. 하지만 뱀으로 변한 딸은 범
종을 칭칭 감고 불로 태워 안친을 죽인다. 나중에 본 안친은 한
줌의 재로 변해 있을 뿐이었다. 그녀는 안친을 죽인 후 강에 떨
어져 자살한다.

길량

吉量

중국

견융국犬戎國의 나는 명마로, 눈이 황금처럼 빛나며 하늘을 날아다닌다. 갈기가 붉고 몸은 흰색이어서 마치 하늘에서 온 말과 같이 늠름하다. 성격 또한 야생적인데 주로 호랑이와 표범을 먹는다. 이는 길량의 힘과 성격을 미루어 짐작할 수 있는 대목이다. 또 어마어마한 속도로 달려서 천리마 중 하나로 꼽힌다.

길량을 타면 수명이 늘어난다는 속설이 있다. 또 다른 나라인 대완국大宛國에서는 다른 명마도 볼 수 있는데 '한혈마汗血馬'가 그것이다. 한혈마는 피처럼 붉은 땀을 흘리고 하루에 천 리를 달리는데 지나간 자리마다 발굽이 박힌다.

• 분류	• 출몰 지역	• 출몰 시기	• 기록 문헌
괴물	견융국	미상	《박물지》, 《산해경》

• 특징
날아다니는 말로 표범과 호랑이를 잡아먹으며 성격은 매우 사납다.

◉ 구전 및 문헌 내용

• 《박물지》에 기록된 길량(길황마)에 대한 내용은 다음과 같다.

길황마의 눈은 황금처럼 빛나며 몸은 하얗고 갈기는 붉다. 길황마는 날아다닐 수 있으며 범과 표범을 잡아먹는다.

• 《산해경》에 기록된 길량에 대한 내용은 다음과 같다.

견봉국犬封國은 견융국이라고도 불리는데, 사는 사람들의 생김새가 개를 닮았다. 그곳에는 발이 빠른 준마가 있는데, 그 이름이 길량이다. 이 말을 타면 수명이 일천 살이 된다.

나가

Naga

중국, 인도

나가는 지하 세계에 거주하며, 강력한 독을 가지고 있다. 그래서 한 번 물리면 해독이 불가능하다. 거대한 뱀의 모습을 하거나 하체는 뱀, 상체는 사람의 모습을 한다. 뱀의 모습일 때는 상체에 날개와 같은 기관이 달려 코브라를 연상케 하며, 반신반수인 모습일 때는 머리에 수 마리의 뱀을 얹고 있기도 하다. 하지만 이 외에도 자유자재로 변신할 수 있다.

　나가는 인도 신화에서 선에 가까운 모습을 보이기도 한다. 안전과 번영을 가져다주는 존재로 그려지는데, 보물을 지키는 모습이 등장

• 분류	• 출몰 지역	• 출몰 시기	• 기록 문헌
괴물	강이나 하천 혹은 탑 내부	상시 출몰	인도 신화, 중국 신화

• 특징
뱀의 모습을 한 괴물. 강력한 독을 가지고 있으며 자유자재로 변신이 가능하다.

하기 때문이다. 중국에서는 중요한 것을 전달하는 메신저로서의 모습을 보인다.

◉ 구전 및 문헌 내용

• 인도 신화에 등장하는 나가는 지하 세계에 거주하거나 중요한 물건을 지키는 모습으로 자주 등장한다. 그래서 나가가 있는 장소를 침범하면 가차 없이 공격하기도 한다. 반면 중국의 나가는 탑에 거주하면서 그곳에 오는 인간들에게 탑의 존재 의미를 알려주어 탑을 훼손하지 못하게 한다. 이 외에도 다양한 전설에서 인간이나 벌레로 변하는 등 여러 능력과 모습을 보여준다.

낙두민

落頭民

중국

진나라 남쪽에 거주하는 민족. 일반 사람과 똑같이 생겼으나 기괴하게도 머리를 떼었다 붙였다 할 수 있다. 더 기괴한 것은 귀를 날개 삼아 펄럭펄럭 날아다닌다. 머리가 떨어져 나가면 몸은 아무런 행동을 못 하고 쓰러지는데 이때 몸이 매우 차갑게 되고 겨우 맥만 뛰며 목숨을 유지하는 상태가 된다. 즉, 모든 에너지가 머리 쪽에 가 있는 것. 다만 머리가 떨어져 있을 수 있는 시간은 대략 6~7시간 정도로, 너무 오래 떨어져 있으면 머리와 몸통 모두 위험해진다. 낙두민이 잘 때는 목 부분에 무언가를 두거나 몸에 이불을 덮으면 안 된다. 목이 제자리로 돌아오지 못하기 때문이다.

• 분류	• 출몰 지역	• 출몰 시기	• 기록 문헌
종족	진나라 남쪽 지방	미상	《박물지》, 《수신기》

• 특징
목이 몸에서 떨어져 나온다. 귀를 날개 삼아 머리가 날아다닌다.

◉ 구전 및 문헌 내용

• 《수신기》와 《박물지》에는 비슷한 내용의 낙두민 이야기가 나
오는데 이는 다음과 같다.

진나라 남쪽에는 머리와 몸이 분리되는 종족이 있는데, 이는 낙
두민들이다. 그들의 머리는 공중을 날아다닌다. (…) 삼국 시대,
오나라 손권의 부하였던 주환朱桓에게는 하녀가 하나 있었다.
매일 밤마다 귀를 날개 삼은 머리가 이 하녀의 몸에서 떨어져 나
왔는데 개구부나 창문, 천장으로 오가곤 했다. 그리고 날이 밝
으면 머리가 제 몸에 돌아와 붙었다. 사람들이 이를 괴이하게 여
겨 하루는 불을 켜고 살펴보니 머리가 없는 몸통은 매우 차가웠
고 숨도 가까스로 붙어 있는 정도였다. 사람들은 추울 것을 걱
정하여 이불을 덮어 두었는데, 날이 밝아 하녀의 머리가 몸을 찾
아왔을 때 이불로 덮여 있어 제자리에 돌아가지 못했다. 이에 몸
도 머리도 곧 죽을 것처럼 변했고 사람들은 놀라 이불을 치웠
다. 그러자 머리가 다시 원래대로 돌아가 몸에 붙었고 생기가 돌
며 숨도 돌아왔다.

난조

鸞鳥

한국, 중국

우민국羽民國에 많이 사는 새로, '난새'라고도 한다. 난조는 봉황의 한 종류로, 오색 무늬가 아름답고 오음五音에 따라 운다. 꿩과 비슷하게 생겼으며 봉황새보다는 조금 크다.

여상산女牀山에도 거주하고, 상서로운 새로 나타나면 천하가 안정되고 평화로워진다. 재미있는 것은 난조가 등장하면 봉황도 함께 등장하는 경우가 많다는 것이다. 《동사강목》에는 한국에서도 난조가 발견된 기록이 있는데, 고구려 왕실로 갑자기 날아들었다고 한다.

난조의 알은 식용으로도 사용되는데, 먹으면 건강해지고 수명이 늘어난다.

• 분류	• 출몰 지역	• 출몰 시기	• 기록 문헌
괴물	우민국, 여상산 및 각지	상시 출몰	《박물지》, 《산해경》

• 특징
봉황의 한 종류. 오색 무늬가 아름답고 오음에 따라 운다.

◉ 구전 및 문헌 내용

• 《박물지》에 기록된 난조의 모습은 다음과 같다.

우민국에 날개 달린 사람이 사는데 멀리 날아가지는 못한다. 이 나라에는 봉황의 한 종류인 난조가 살고 있다. 우민국 사람들은 이 새의 알을 먹는다.

• 《산해경》에도 난조에 대한 기록이 짧게 있는데 그 모습이 잘 묘사돼 있다. 내용은 다음과 같다.

서남쪽 삼백 리 되는 곳에 여상산이 있다. 여상산에 사는 새 중에 난조가 있는데 모습이 마치 꿩 같고 오색의 무늬가 있다. 이 새가 등장하면 천하가 안정되고 평화로워진다.

노즈치

野槌 のづち

일본

뱀과 비슷하게 생긴 초목의 정령. 크기가 일반 뱀과 비슷하나, 눈과 코 없이 얼굴에 입만 덩그러니 있다는 것이 차이점이다. 노즈치는 '들에 있는 철추'라는 뜻으로, 생김새가 철추와 비슷하여 붙여진 이름이다.

대부분의 전설이나 문헌에서는 생김새에 대한 구체적인 묘사가 없으나《화도백귀야행》에는 털이 빼곡히 난 뱀으로 그려져 있다. 또 토끼나 작은 짐승을 잡아먹고 사람을 공격하기도 한다.

노즈치는 원래는 스님이었는데 입만 살고 덕이 없어 다시 태어났을 때 입만 남은 뱀이 되었다. 에도 시대의 백과사전인《삼재도회집성》에서는 지금의 나라현奈良県 쪽에서 목격되었다고 한다.

• 분류	• 출몰 지역	• 출몰 시기	• 기록 문헌
괴물	나라현 일대	상시 출몰	《사석집》,《삼재도회집성》, 《화도백귀야행》

• 특징
철추를 닮은 뱀. 입만 있으며 몸에 털이 많다.

◉ 구전 및 문헌 내용

• 《화도백귀야행》에 기록된 노즈치에 대한 내용은 다음과 같다.

노즈치는 초목의 정령이다. 《사석집》에서의 노즈치는 눈코도 없
는 짐승으로 보인다.

• 위 글에 등장하는 《사석집》에는 노즈치의 기원이 기록돼 있
다. 덕 없는 스님이 심산에 사는 철추 모양의 뱀으로 다시 태어
난다는 것이다. 덕이 없다는 것은 입으로만 행한다는 뜻이므로
눈, 손, 발이 없이 입만 있다고 한다.

누라리횬

ぬらりひょん

일본

잘 알려진 요괴로, 요괴의 총대장이다. 스님이나 상인의 모습을 하고, 느긋하게 행동한다. 누라리횬은 누군가의 집에 들어가 마치 자신의 집처럼 행동하고 간다. 이를테면 차를 끓여 마시거나 간식을 꺼내먹거나 담배를 꺼내 태운다. 주로 집안 구성원들이 바쁠 때 들어오기 때문에 가족들은 가족 중 누군가가 그랬으려니 한다고.

    요괴 총대장인 것에 비해 하는 일은 소소하고 딱히 인간에게 해를 끼치진 않는다. 추측하기로는 요괴들의 정신적 지주일 확률이 높다. 백귀야행일에는 앞서서 요괴들을 총괄 인솔한다.

• 분류	• 출몰 지역	• 출몰 시기	• 기록 문헌
귀물	일본 전역	상시 출몰	《스가에 마스미 유람기》

• 특징
요괴들의 총대장으로, 남의 집에 들어와 제집처럼 행동하다 사라진다.

◉ 구전 및 문헌 내용

• 《스가에 마스미 유람기》에 기록된 누라리횬에 대한 이야기를
살펴보면, 백귀야행일에 만날 수 있다는 것을 알 수 있다.

가미카사神坂에 구름이 깊게 끼고 가랑비가 내리면 남자는 여자
를 만나고 여자는 남자를 만나는 일이 있다. 또 누라리횬, 오토
로시おとろし, 노즈치가 백귀야행(온갖 잡귀가 밤에 나다니는 것)을
하기도 하는데, 이들이 나타나는 곳을 요괴 언덕이라고 부르기
도 한다.

누레온나

濡女 ぬれおんな

일본

후쿠시마 인근에서 전해지는 여성 요괴로, 이름을 해석하면 '머리가 젖어 있는 여자'라는 뜻이다. 큰 강이나 바다에 나타나 사람을 잡아먹는다. 인간의 머리에 뱀의 몸을 하고 있는데, 꼬리 길이는 무려 3정(약 327m)이다.

　'규키牛鬼'라는 남성 요괴의 부인으로, 남편을 불러 함께 사람을 공격하기도 한다. 주로 배를 습격하거나 헤엄치는 이들을 공격하지만, 인간으로 변해 지나가는 이에게 아이를 안아달라고 부탁하기도 한다. 아이를 안으면 아이가 무거워져 움직이지 못할 때 규키가 나타나 공격을 하는 것. 부부 사기단이 아니라 부부 요괴단이라고 해야

• 분류	• 출몰 지역	• 출몰 시기	• 기록 문헌
괴물	후쿠시마 일대	분큐 2년	《요괴화담전집》

• 특징
머리는 인간, 몸은 뱀인 괴물로, 강이나 바다에서 인간을 공격한다.

할지도 모르겠다.

일본에서는 이렇게 아이가 무거워지는 형식의 요괴들이 간간히 등장하는데 '고나키지지'도 비슷한 요괴로 볼 수 있다.

◉ 구전 및 문헌 내용

• 《요괴화담전집》에는 후쿠시마현 서부 아이즈会津에서의 누레온나 목격담이 실려 있다. 내용을 정리하면 다음과 같다.

분큐文久 2년 아이즈의 어느 마을에서 젊은이들이 나무를 뗏목에 올려 배에 싣고 있었다. 하지만 숙달되지 않아 작업하는 중 뗏목이 떠내려갔고 배로 뗏목을 따라가다가 누레온나를 보게 되었다. 배에 탄 이들은 "누레온나다"라며 황급히 도망갔는데 호기로운 몇몇 젊은이들은 확인하러 가보았다. 한참 후 비명소리가 들렸다. 누레온나의 꼬리 길이는 3정인데, 이를 보면 달아날 수 없다. 결국 확인하러 간 이들은 돌아오지 못했다.

누리카베

塗壁 ぬりかべ

일본

후쿠오카 북서부 지역의 해안가에서 전해지는 거대한 벽 모양의 요괴로, 만지거나 두드리면 일반 벽과 비슷하다. 깊은 밤, 길을 걷다 주로 만나는데 눈앞에 갑자기 거대한 벽이 생긴다. '어두워서 보지 못했구나'라고 생각하면서 돌아가려고 하면 벽이 끊임없이 이어져 돌아갈 수 없다.

　　누리카베는 나타나기만 하고 무너져 내리거나 사람을 누르는 등 별다른 피해를 입히지 않는다. 누리카베를 퇴치하려면 조용히 마음을 가다듬고 지팡이나 발로 벽 밑 부분을 톡톡 치면 된다. 아랫부분이 아닌 다른 부분을 친다면 소용없다.

• 분류	• 출몰 지역	• 출몰 시기	• 기록 문헌
귀물+사물	후쿠오카 북서부 해안	상시 출몰	《요괴담의》

• 특징
거대한 벽 모양의 요괴. 벽을 돌아가려고 해도 끊임없이 이어져 돌아갈 수 없다.

◉ 구전 및 문헌 내용

• 《요괴담의》에 기록된 누리카베는 지쿠젠(筑前, 현 후쿠오카 북서부)에 나타난다고 기록돼 있다. 기록에 의하면 어두운 밤, 행선지로 가는 도중 갑자기 나타나는데 옆으로 돌아가려 하면 막혀 있어 어디로도 갈 수 없게 된다고. 막대로 아랫부분을 치면 사라지지만 위쪽을 치면 변하지 않아 이러지도 저러지도 못한다.

누에

鵺 ぬえ

일본

누에는 일본에만 있는 괴물로, 머리는 원숭이, 다리는 호랑이, 꼬리는 뱀의 모습을 하고 이상한 이물질을 쏜다. 울음소리는 호랑지빠귀의 울음소리와 같다. 그래서 호랑지빠귀(누에)의 이름을 따 '누에'라고 부른다.

누에는 검은 연기와 함께 섬뜩한 울음소리를 내며 등장한다. 검은 연기와 울음소리는 사람에게 병을 유발하기도 하는데 치료가 매우 어렵고 누에를 퇴치하는 수밖에 없다.

미나모토노 요리마사源賴政라는 이가 산새의 꽁지깃으로 만든 활로 누에를 잡은 이야기가 있는 것으로 보아, 불사의 존재는 아니다.

• 분류	• 출몰 지역	• 출몰 시기	• 기록 문헌
괴물	심산	헤이안 시대	《헤이케 이야기》, 《화도백귀야행》

• 특징
호랑지빠귀 소리를 내는 이상한 괴물로, 원숭이 머리에 뱀의 꼬리를 가지고 있다.

◉ 구전 및 문헌 내용

• 《화도백귀야행》에 기록된 누에에 대한 이야기는 다음과 같다.
　　누에는 심산에 사는 화조다. 머리는 원숭이, 발은 호랑이, 꼬리
　　는 뱀과 같은데 이물을 쏘아낸다. 울음소리가 호랑지빠귀를 닮
　　아 누에라 부른다.

• 《헤이케 이야기》에도 누에에 대한 이야기가 기록돼 있다. 여기
　서는 몸체가 너구리와 같다고 기록돼 있으며 검은 연기, 섬뜩한
　울음소리와 함께 등장한다고 한다.

• 문헌에서 누에는 주로 헤이안 시대에 등장하는데, 이 점도 흥미
　롭다.

니서생

泥書生

중국

이름을 풀이하면 진흙으로 된 서생으로, 몸과 옷, 착용한 두건까지 모두 진흙으로 만들어져 있다. 이러한 괴물들은 주로 주술을 통해 만들어지는데 어떠한 연유로 니서생이 진흙 괴물이 되었는지는 알 수 없다.

니서생은 인간 세상을 오가며 인간의 잠자리로 파고들어 관계를 갖는다. 인간 몸의 힘을 빼는 능력을 가지고 있어 공격당하면 저항하기가 쉽지 않다. 니서생을 물리치기 위해서는 주술이나 부적 등은 통하지 않고 강한 타격을 가하면 순식간에 사라진다.

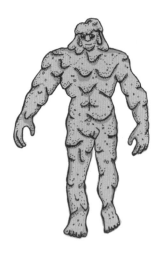

• 분류	• 출몰 지역	• 출몰 시기	• 기록 문헌
괴물	미상	미상	《요재지이》

• 특징
진흙으로 만들어진 서생. 인간을 공격하거나 농락한다.

◉ 구전 및 문헌 내용

• 《요재지이》에 진흙 서생인 니서생에 대한 기록이 있는데 정리
  하면 다음과 같다.

  어느 날 한 여자가 잠을 자는데 바람 소리가 들리더니 문이 열
  렸다. 그 후 한 서생이 들어왔는데 그녀 옆을 파고들더니 관계
  를 갖게 되었다. 여인은 이를 벗어나려 했지만 힘이 들어가지 않
  았고 이 일이 반복되자 여자의 기운은 날로 빠졌다. 이에 도사나
  주술사를 불러 부적과 주문을 외웠으나 전혀 통하지 않았다. 하
  루는 그의 남편인 진대陳代가 이불 안에 숨어 있었다. 그 서생은
  두건과 두루마기를 벗고 이불 속에 들어갔고 진대는 몽둥이로
  그의 허리를 강하게 내려쳤다. 그러자 큰 소리가 나며 서생이 사
  라졌다. 사람들은 그가 벗었던 두건과 두루마기를 살펴보았는
  데 진흙으로 만들어진 것이었다.

단달

駏驉

중국

신비한 비둘기로, 생김새부터 신묘하다. 눈동자가 호박 보석 빛깔이고 눈은 유리처럼 투명하다. 또 날개 밑 살결이 매우 투명한데 내장이 훤히 보일 정도다. 이 비둘기는 따로 무리를 지어 서식하지 않으며 비둘기의 신에 의해서만 사육된다. 그렇기에 발견하기 쉽지 않다.

단달은 영묘하여 묘기도 부리는데 춤을 추거나 연극하듯 움직인다. 혹은 노래하듯 울기도 하고 공중제비 같은 고난이도 기술도 문제없이 해낸다. 단달은 먹어도 무관한데 맛은 일반 비둘기와 다르지 않아 굳이 추천하지는 않는다.

• 분류	• 출몰 지역	• 출몰 시기	• 기록 문헌
괴물	미상	미상	《요재지이》

• 특징
묘한 묘기를 부리는 비둘기. 살결이 유리처럼 투명하다.

◉ 구전 및 문헌 내용

• 《요재지이》에는 요상한 비둘기 단달의 이야기가 기록돼 있다.

비둘기를 모으는 수집가 장유량이라는 이가 있었다. 장유량이 서재에 있는데 한 남자가 자신의 비둘기를 보여주겠다고 하며 그를 이끌고 자신의 거처로 향했다. 그곳에는 수많은 비둘기가 있었는데 장유량은 모두 처음 보는 것이었다. 그 남자가 입을 모아 소리를 내자 비둘기가 오기도 하고 춤을 추거나 아름다운 소리로 울기도 했다. 혹은 여러 마리가 모여 합주를 하며 아름다운 음악을 만들기도 했다. 장유량은 남자에게 비둘기를 달라고 했으나 남자는 한사코 거절했고 장유량을 찾는 하인의 목소리가 들리자 남자는 사라졌다. 그리고 마지막에 보았던 비둘기 두 마리만이 남아 있었다. 이 비둘기는 눈이 투명하고 눈동자는 호박 보석 같았으며 날개 밑의 살이 투명하여 내장이 보일 정도였다. 하인과 장유량은 이 비둘기 두 마리를 가지고 복귀했다. (…) 추후 아버지의 친구인 어르신이 비둘기를 달라고 하자 장유량은 고민 끝에 신비한 비둘기를 보내기로 했다. 비둘기를 받고 아무 소식이 없자 어르신을 찾았는데 이미 비둘기를 먹은 후였다. 그는 별다른 맛이 없었다며 심드렁하게 말했다.

데가타가사

手形傘 てがたがさ

일본

야마나시현山梨県에 위치한 일련사一蓮寺의 전설에 등장하는 귀물. 엄청나게 거대한 손으로, 하늘에서 내려와 어마어마한 힘으로 사람을 으깨거나 공격한다. 손은 털북숭이에 투박하다. 등장할 때는 먹구름과 함께 천둥 번개가 치는데, 먹구름은 데가타가사가 오가는 통로로 먹구름이 사라지면 다시 돌아갈 수 없다.

데가타가사는 법력이 뛰어난 스님에게 저지당했는데 체면이 말이 아닌 것이, 다시는 나타나지 않겠다는 약속까지 한다. 약속한 대로 일련사의 전설 외에는 어떤 문헌이나 전설에 등장하지 않는다.

• 분류 귀물	• 출몰 지역 야마나시현 일런사	• 출몰 시기 미상	• 기록 문헌 민간 전설
• 특징 먹구름을 통해 나타나고, 거대한 손으로 사람들을 공격한다.			

◉ 구전 및 문헌 내용

• 일런사 전설에 등장하는 데가타가사에 대한 이야기는 다음과
같다.

　일런사에서 장례식이 이루어질 때였다. 갑자기 맑은 하늘에 먹
구름이 생기고 천둥과 번개가 치기 시작했다. 절의 주지였던 아
사히나朝比奈는 때마침 탑 꼭대기에서 경을 읽고 있었는데 갑자
기 탑에 번개가 내리꽂히더니 거대한 손이 구름 속에서 나타났
다. 손은 투박하고 털투성이었으며 아사히나를 잡기 위해 움직
였다. 아사히나는 괴상한 손을 상대했고 요사스러운 힘에 밀리
지 않았다. 상대하는 도중 괴물은 도망치려 했으나 구름이 사라
져 도망갈 수가 없게 되었고, 아사히나에게 제발 살려달라고 빌
기에 이르렀다. 아사히나는 데가타가사로부터 사람들을 해치지
않고 다시는 나오지 않겠다는 맹세를 받았고 그 증표로 우산에
손바닥 도장을 찍었다. 이 우산은 현재 일런사에서 보관 중이다.

데라쓰쓰키

寺つつき てらつつき

일본

딱따구리를 닮은 괴상한 새로, 절에 나타나 딱따구리가 나무를 찧듯 종과 절을 부순다. 데라쓰쓰키가 괴상한 행동을 하는 데는 이유가 있다. 데라쓰쓰키는 사실 모노노베 다이렌 모리야라는 이의 영혼이 다시 태어난 것이다. 불교를 싫어하는 그는 불교를 배척하는 배불파였는데 결국 반대쪽 사람인 쇼토쿠 태자에게 죽임을 당한다. 이에 그는 딱따구리로 다시 태어나 당탑가람(堂塔伽藍, 법당과 탑을 갖춘 사찰)을 망가뜨리러 돌아다니는 것이다. 이승에 남은 한이 괴물로 변한 사례라고 볼 수 있다. 하지만 의지에 비해 거대한 능력을 가지고 있지는 않다.

• 분류	• 출몰 지역	• 출몰 시기	• 기록 문헌
귀물	절의 당탑가람	587년 이후	《화도백귀야행》

• 특징
딱따구리처럼 생긴 괴조로, 절의 탑과 건축물을 쪼아서 망가뜨리려 한다.

◉ 구전 및 문헌 내용

• 《화도백귀야행》에 데라쓰쓰키의 탄생 설화가 기록돼 있다.

모노노베 다이렌 모리야는 불도를 좋아하지 않았는데 우마야도 황자(쇼토쿠 태자)에게 죽임을 당했다. 그 영혼은 하나의 새가 되었는데 당탑가람을 망가뜨리려 했다. 이 새의 이름은 데라쓰쓰키다.

덴구

天狗 てんぐ

일본

일본 전설에 등장하는 유명한 귀물로, 요괴이지만 일부에서는 산의 신으로 알려져 있다. 악하거나 깨달음을 얻지 못한 이가 '천구도天狗道'에 떨어지면 덴구가 된다는 전설도 있다. 얼굴이 붉고 코가 크며 눈썹이 짙어, 언뜻 보면 화난 표정으로 착각할 수 있다. 수도승 복장을 하고, 날개가 있어 하늘을 날 수도 있다. 굽이 하나인 일본 신발 게다를 신고, 깃털 부채를 지니고 있다는 점도 독특한 특징이다.

우리나라에도 동명의 요괴인 '천구(덴구)'가 존재한다. 천구는 하늘

• 분류	• 출몰 지역	• 출몰 시기	• 기록 문헌
귀물	전국 각지	상시 출몰	민간 전설

• 특징
얼굴이 붉고 코가 매우 큰 귀물로, 날개가 있어 날 수 있다.

을 나는 개로, 항아리 모양이다. 평소에는 하늘을 날다가 죽으면 땅으로 떨어지는데, 땅에 떨어지면 불길이 솟는 것처럼 흔적이 남는다고 한다.

◉ 구전 및 문헌 내용

• 덴구에 대해서는 다양한 전설이 존재한다. 그중 재미있는 것은 만화 캐릭터 '도라에몽'의 것과 같은 이상한 도구들이다. 덴구의 깃털 부채는 강력한 바람을 일으킬 수 있으며, 다른 도구인 도롱이는 사람을 투명하게 만들기도 한다.

• 덴구의 종류는 지역이나 기록, 전설에 따라 다른데 대략 살펴보면 다음의 종류가 있다. 거만한 고승이 죽어서 되는 '다이텐구大天狗だいてんぐ,' 선한 천구인 '젠텐구善天狗ぜんてんぐ', 악한 덴구인 '아쿠텐구惡天狗あくてんぐ', 교만한 비구니가 천구도에 떨어져서 되는 '온나텐구女天狗おんなてんぐ', 커다란 새와 같은 '고노하텐구木葉天狗このはてんぐ', 까마귀가 변하여 된 '가라스텐구烏天狗からすてんぐ' 등이 그것이다.

덴조나메

天井嘗 てんじょうなめ

일본

위를 바라보며 천장을 핥는 귀물. 오래된 집을 보면 천장의 자재가
낡았고 색이 변색되어 있는데 덴조나메 때문이다. 덴조나메는 혀가
매우 길고 종잇조각으로 만들어진 팔랑팔랑한 옷을 입고 있으며, 종
이와 유사한 손을 가지고 있다.

이 귀물이 천장을 핥는 이유에 대해서는 여러 추측이 있으나 맛을
보기 위해서라는 주장이 가장 설득력 있다. 과거에 천장은 다른 세계
와 통하는 통로로 여겨졌기 때문에, 천장에서 나오는 기운을 흡수하

• 분류	• 출몰 지역	• 출몰 시기	• 기록 문헌
귀물	오래된 가옥	상시 출몰	《화도백귀야행》

• 특징			
긴 혀로 천장을 핥는 괴물로, 천장의 기운을 흡수한다.			

기 위함이 아닐까 추측한다.

천장과 관련된 요괴로는 천장에서 내려오는 '덴조쿠다리'가 있는데, 이 두 요괴는 특성상 자주 만나지 않았을까 추정된다.

◉ 구전 및 문헌 내용

• 《화도백귀야행》에는 덴조나메에 대한 짧은 기록이 있다. 다 찢어진 천장을 긴 혓바닥으로 핥고 있는 모습으로, 머리는 마치 짐승과 같은데 그 몸짓이 소름끼치고 기괴하다고 한다. 천장이 높아지면 겨울에 춥고 집 안이 어두워지는데 이때 생기는 귀물이다.

덴조쿠다리

天井下 てんじょうくだり

일본

한자어를 풀이하면 '천장에서 내려온다'는 뜻으로, 천장에 거꾸로 매달려서 사람을 쳐다보는 귀물이지만 위험한 존재는 아니다. 다만 쳐다보는 것이 그리 유쾌하지는 않을 뿐 아니라 특히 험상궂게 생겨서 찝찝할 따름이다. 과거에는 천장이 다른 세계와 연결되는 또 하나의 통로로도 여겨졌다.

덴조쿠다리는 《화도백귀야행》에만 기록된 귀물로, 수록된 그림을 살펴보면 온몸에 털이 많으며 입을 벌리고 흘러내리듯 천장을 타고 내려온다. 과거 일본에서는 "천장을 보라"라는 말이 사람을 괴롭힐 때 사용한 말이었다고 한다. 이를 어원으로 보기도 한다.

• 분류	• 출몰 지역	• 출몰 시기	• 기록 문헌
귀물	천장	상시 출몰	《화도백귀야행》

• 특징
천장에서 흘러내리듯 내려오는 요괴로, 딱히 해를 끼치진 않는다.

◉ 구전 및 문헌 내용

• 《화도백귀야행》에 짧게 실려 있으며 다른 문헌에서는 찾아보
기 어렵다. 그래서 이 책에만 등장하는 창작 요괴라는 설도 있
다. 이 책에서는 "천장을 보라"라는 속담과 함께 이 귀물을 설명
한다. 이는 일본 속담으로 곤란한 일을 시키는 것을 의미한다.
요괴가 나올지도 모르는 천장을 억지로 보라고 하니 얼마나 난
감하겠는가.

도도메키

百々目鬼 どどめき

일본

《화도백귀야행》에 실린 그림을 보면 화려한 옷을 입고 얼굴을 가리고 있다. 도도메키는 젊은 여자의 모습을 하고 있는데, 팔에는 빼곡하게 백 개의 눈이 달려 있다. 이 눈은 모두 새의 눈인데 어떤 새인지는 알 수가 없다. 다만 빽빽하게 박힌 눈을 지나가는 이에게 보여주어 놀라게 한다.

　도도메키는 원래 인간이었는데 남의 돈을 훔칠 때마다 눈이 점점 생겨나 결국 백 개가 되었다. 이는 도둑질로 인한 벌이 아닌 동전에 붙은 정령이 팔에 옮겨간 것이다. 환 공포증이 있는 이에게는 최악의 요괴이지만 사람에게 큰 해를 끼치지는 않는다.

• 분류	• 출몰 지역	• 출몰 시기	• 기록 문헌
괴물	늦은 밤 길거리	상시 출몰	《화도백귀야행》

• 특징
팔에 백 개의 새 눈이 달린 요괴. 동전의 정령이 팔에 붙었다.

 구전 및 문헌 내용

• 《화도백귀야행》에 기록된 도도메키에 대한 이야기는 다음과 같다.

함관외사涵關外史에 따르면 어떤 젊은 여인이 오랫동안 남의 돈을 훔치다가 홀연 팔에 백 개의 새 눈이 생겼다. 이것은 조목(鳥目, 구멍이 뚫린 동전)의 정령들이다. 이름하여 도도메키라고 한다.

도로귀

刀勞鬼

중국

주로 비바람이 불거나 폭우가 내리는 흐린 날에 등장하는 독귀로, 생김새에 대한 정보는 없어 모습을 가늠하기 어렵다.

도로귀는 사람을 습격하여 독기를 내뿜는데 독기를 맞으면 풍선처럼 부풀어 오른다. 암수로 나누어져 있으며 수컷의 독이 암컷의 독보다 강하다. 이를테면 수컷의 독에 맞은 이가 반나절 만에 발작을 일으키다 사망한다면 암컷의 경우는 하루가 지나서야 발작한다. 독

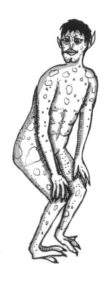

• 분류	• 출몰 지역	• 출몰 시기	• 기록 문헌
귀물	강서성 산속	미상	《수신기》

• 특징
인간을 습격해 독기를 내뿜는 괴물. 수컷의 독기가 암컷보다 세다.

이 지독하긴 하지만 치료제가 없는 것은 아니기에 도로귀에 당하면 빨리 의원을 찾는 것이 좋다. 치료가 늦어지면 죽을 수 있다.

◉ 구전 및 문헌 내용

• 《수신기》에 도로귀에 대한 이야기가 있다.

강서성江西省에 위치한 임천군의 산에는 괴물이 살고 있었다. 괴물은 주로 강한 비바람이나 폭우가 올 때 나타났는데 사람을 습격하여 독기를 뿜어냈다. 괴물에게 습격당한 이는 몸이 부풀어 오르고 통증이 심했다. 이 괴물은 암수 구별이 있는데 암컷보다 수컷의 독성이 강했다. 강한 독기를 맞으면 반나절이 지났을 때 발작을 일으키고 약한 독기에 맞으면 하루가 지났을 때 발작을 일으켰다. 독기에 당한 이들은 치료를 받으면 완치되었지만 늦으면 사망에 이르렀다. 이 괴물을 주민들은 도로귀라 했다.

도로타보

泥田坊 どろたぼう

일본

논이나 밭에 나타나 울부짖는 요괴로, "논을 돌려다오! 논을 돌려다오!"라고 외친다. 혹은 누군가를 저주하기도 하는데 주로 자신의 자손들이다. 도로타보는 눈이 하나이며 손가락은 세 개인데 몸이 진흙처럼 흘러내리는 모습을 하고 있다. 자손에게 물려준 논이나 밭을 허술히 관리하거나 다른 이에게 팔면 나타나 일침을 가하는데 그 울부짖음이 처절할 정도. 그도 그럴 것이 도로타보가 인간이었을 때, 열심히 밭을 일구고 비가 오나 눈이 오나 농사에 힘썼는데 이를 홀랑 팔아버리니 저주를 안 할 수 없는 것이다. 그래서 게으르거나 몰염치한 자손을 늘 긴장하게 만드는 귀물이다.

• 분류	• 출몰 지역	• 출몰 시기	• 기록 문헌
귀물	북국	상시 출몰	《화도백귀야행》

• 특징
논과 밭에 나타나 "논을 돌려다오!"라고 외치는 외눈박이 요괴.

◉ 구전 및 문헌 내용

• 《화도백귀야행》에 기록된 도로타보에 대한 이야기는 다음과
같다.

옛날 북국에 한 노인이 있었다. 그는 자손을 위해 논밭을 사서
비바람이 불어도 열심히 경작했는데 노인이 사망하니 자손은 술
에 빠져 농사를 소홀히 했다. 끝내 자손은 논을 남에게 팔았는
데 밤마다 눈이 하나 있는 사람이 나타나 논바닥을 휘저으며 저
주했다. 이를 도로타보라고 한다.

도올

檮杌

중국

‘도수倒壽’라고도 불리는, 사악하고 지능이 뛰어난 종족인 사흉 중하나.

도올은 서쪽 변방에 서식하며 사람의 얼굴에 호랑이 발을 하고 돼지의 어금니를 가지고 있다. 꼬리 길이는 1장 8척(약 5.5m)이며 털 길이는 3척(약 90cm)이다. 끈질긴 성격으로 다른 괴물과 싸울 때 절대 물러서지 않고 상대가 죽을 때까지 싸운다. 식용으로 쓰이기도 하는데, 머리가 좋아서 그물로는 절대 잡을 수 없고 그물을 치면 요리조리 피하거나 역으로 이용한다.

• 분류	• 출몰 지역	• 출몰 시기	• 기록 문헌
괴물	서쪽 변방	미상	《신이경》

• 특징
사흉 중 하나로, 사람 얼굴에 호랑이 발을 한 괴물. 끈질긴 성격이다.

◉ 구전 및 문헌 내용

• 《신이경》에 기록된 도올에 대한 이야기는 다음과 같다.

서쪽 변경에 어떤 짐승이 있는데 호랑이의 모습과 인간의 머리를 하고 발은 호랑이와 닮았는데 얼굴에는 돼지의 어금니가 나 있다. 털 길이는 3척이고 꼬리는 1장 8척으로, 도올이라 불린다. 인간들은 도올의 고기를 먹기도 한다. 다른 짐승이나 괴물과 싸울 때는 물러서지 않고 한쪽이 죽어야만 끝난다. 도올을 그물로 잡기는 쉽지 않은데 머리가 좋아 그물의 위치를 알아채고 역으로 이용하기 때문이다. 도올을 도수라고도 한다.

도철

饕餮

중국

사악하고 지능이 뛰어난 종족인 사흉 중 하나로, '탐림貪婪', '강탈彊奪', '능약凌弱'이라고도 불린다. 털이 매우 많고 돼지머리를 쓴 인간으로 그려지거나 인간 얼굴에 소와 양의 몸인 것으로 전승된다. 이처럼 도철의 모습에 대한 기록은 확실하지 않은 편이다.

　재물을 긁어모으거나 뺏는 걸 좋아하는데, 약한 사람에게 강한 모습을 보이는 비열함도 있다. 무리 지어 다니는 사람을 무서워해서 스스로 피한다.

• 분류	• 출몰 지역	• 출몰 시기	• 기록 문헌
괴물	서남쪽 변방	미상	《산해경》,《신이경》

• 특징
사흉 중 하나. 다양한 모습으로 전승되며 탐욕스럽고 비열하다.

◉ 구전 및 문헌 내용

• 《신이경》에는 다음과 같은 도철의 이야기가 있다.

　　서남쪽에 있는 한 사람은 몸에 털이 무성하고 돼지머리를 얼굴에 쓰고 있다. 날 때부터 탐욕스럽고 포악해 재물 모으는 것을 좋아하며 사람들의 재물을 빼앗는다. 약한 이를 주로 공격하며 무리 지어 다니는 사람을 두려워해 혼자 있는 이를 공격한다. 이 사람을 도철이라고 부른다.

• 《산해경》에는 '포효狍鴞'라는 괴물이 등장하는데 이를 도철로 보기도 한다. 그 내용은 다음과 같다.

　　구오산鉤吾山에는 양의 몸에 사람의 얼굴을 한 짐승이 살고 있다. 짐승의 눈은 겨드랑이 밑에 있는데 이 짐승을 포효라고 한다. 포효는 사람을 잡아먹는다.

동왕공

東王公

중국

동쪽 지방 산야에 돌로 된 집에서 사는 신선으로, 주로 남성 신선들의 명부 관리를 한다. 반면 여성 신선 관리는 '서왕모西王母'가 한다.

키가 1장(약 3m)으로 덩치가 있는 편인데, 머리카락이 하얗고 새의 얼굴을 하고 있다. 몸은 사람과 비슷하여 팔다리가 있는데 뒤쪽에 호랑이 꼬리가 달려 있다. 또 곰을 타고 다니며 주위를 산책한다. '옥녀玉女'와 자주 어울려 투호를 하며 시간을 보내는데, 투호는 두 편으로 나뉘어 항아리에 화살을 던져 많이 넣는 팀이 승리하는 놀이다. 이

• 분류	• 출몰 지역	• 출몰 시기	• 기록 문헌
신	동쪽 지방의 돌로 된 집	미상	《신이경》

• 특징
남성 신선의 명부를 관리하는 신으로, 새의 얼굴을 하고 곰을 타고 다닌다.

들은 한 번 투호를 할 때 약 1,200개의 화살을 던져 넣는다.

◉ 구전 및 문헌 내용

• 《신이경》에는 동왕공에 대한 이야기가 다음과 같이 등장한다.

동쪽 지방 산야에 돌로 된 집에는 동왕공이 살고 있다. 그의 키는 1장이고 머리는 하얗게 샜는데 새의 얼굴을 하고 있다. 사람과 비슷하게 생겼는데 호랑이 꼬리가 달렸다. 동왕공은 곰을 타고 주위를 산책하곤 한다. 그는 옥녀와 투호 놀이 하는 것을 즐기는데 한 번 시작하면 1,200여 개의 화살을 던진다. 만약 화살이 항아리 안에 잘 들어가면 하늘이 감탄하며 웃고, 들어가지 않으면 비웃는다.

라바나

Ravana

인도

나찰족인 락샤사의 지도자로, 머리가 열 개, 팔이 스무 개, 다리는 네 개이며 몸은 매우 커서 하늘까지 닿는다.

　라바나는 불사의 몸이다. 이는 1만 년의 고행과 자신의 머리를 제물로 바침으로서 창조의 신 브라흐마에게 받은 능력이다. 덕분에 신과 악마에게 치명적인 공격을 당해도 다치거나 죽지 않는다. 또 머리가 잘려도 바로 재생된다. 다만 이 불사의 능력에도 약점은 있는데 인간에게는 이런 능력이 통하지 않는다는 것. 결국 라바나는 인간인 라마Rama 왕자에게 죽임을 당한다.

• 분류	• 출몰 지역	• 출몰 시기	• 기록 문헌
귀물	나찰국	미상	《라마야나》

• 특징
락샤사의 지도자로, 끊임없이 재생되어 절대 죽지 않는다.

◉ 구전 및 문헌 내용

• 고대 인도에 전해 내려오는 서사시 《라마야나》에 기록된 라바나에 대한 이야기는 다음과 같다.

　락샤사의 왕 라바나는 절대 죽지 않는 불사의 몸을 갖고자 했다. 그래서 그는 천 년마다 자신의 머리를 하나씩 잘라 바치고 1만 년간 고행하며 브라흐마에게 불사의 몸을 달라 기원했다. 브라흐마는 결국 그의 소원을 들어주었다. 다만 라바나가 말한 불사의 조건은 "세상의 모든 신과 악마로부터 불사의 몸을 갖게 해달라"는 것이었다. 즉, 인간은 빠져 있었다. 불사가 된 라바나는 파괴와 악행을 일삼았는데 라마 왕자의 아내를 납치하기도 했다. 이에 라마 왕자는 분노하여 전투를 일으켰고 브라흐마가 만든 화살로 라바나를 죽였다.

라비수

Rabisu

이라크, 이란

과거 메소포타미아 지역의 아카드Akkad인들에게서 전해 내려오는 악한 괴물로, 라바사Rabasa라고도 불린다. 거주민들이 두려워한 존재로, 집 밖이나 골목에 갑자기 나타나 사람들을 공격한다. 소금을 뿌리거나 소금을 소유하면 라비수가 접근할 수 없다.

라비수는 지옥, 그중에서도 '비통의 사막Desert of Anguish'에 거주한다. 거기서 죽은 자의 영혼이 죽음의 도시로 가는 길인 '뼈의 길Road of Bone'에 떨어지면 그들을 공격한다.

• 분류	• 출몰 지역	• 출몰 시기	• 기록 문헌
괴물	메소포타미아 일대 및 비통의 사막	상시 출몰	아카드 신화 및 《창세기》

• 특징
골목에서 갑자기 나타나 사람을 공격하는 메소포타미아 괴물.

◉ 구전 및 문헌 내용

• 성경 《창세기》에도 라비수라고 추정되는 괴물이 언급되는데, 정확한 이름은 나오지 않는다.

> 여호와께서 가인에게 이르시되 네가 분하여 함은 어찌 됨이며 안색이 변함은 어찌 됨이냐 네가 선을 행하면 어찌 낯을 들지 못하겠느냐 선을 행하지 아니하면 죄가 문에 엎드려 있느니라 죄가 너를 원하나 너는 죄를 다스릴지니라

많은 학자는 "죄가 문에 엎드려 있다"라는 구절을 라비수로 추정한다. (본문에 인용된 성경은 개역개정 4판이다.)

라후

Rahu

인도

아수라족Asura의 귀물 중 하나. 아수라는 인간과 신이 반씩 섞인 존재로, 싸움과 전쟁을 좋아하는 악귀족이다. 라후는 머리만 있는 귀물로 공중에 둥둥 떠다니는데, 해와 달이 있는 곳으로 가서 이를 먹었다 뱉었다 반복한다. 그래서 라후가 해를 먹으면 일식, 달을 먹으면 월식이 일어난다. 또 불로불사주인 암리타를 마셔서 죽일 수도 없다.

우리나라에도 '불개'가 라후와 비슷하다. 불개는 암흑 나라의 개로, 해와 달을 훔치기 위해 다가가 해와 달을 물었다 뱉었다 반복한다. 이 때문에 일식과 월식이 생긴다.

• 분류	• 출몰 지역	• 출몰 시기	• 기록 문헌
괴물	전국 각지	미상	유해교반 전설

• 특징
머리만 있는 신으로 해와 달을 먹었다가 뱉는다. 이로 인해 일식과 월식이 생긴다.

◉ 구전 및 문헌 내용

• 인도 신화에 유해교반乳海攪拌 전설이 있는데, 여기에 라후가 등장한다. 라후의 이야기를 정리하면 다음과 같다.

유해교반의 방법으로 만든 불로불사의 약 암리타. 라후는 신으로 변하여 암리타를 몰래 마시려 했다. 하지만 달의 신과 해의 신이 이를 보고 힌두교의 신 비슈누에게 이른다. 화가 난 비슈누는 라후의 목을 그 자리에서 쳐버리지만 불사의 몸이 된 라후는 머리만 살아남아 둥둥 떠다니게 되었다. 또 자신의 범죄를 일러바친 해의 신, 달의 신에게 복수하기 위해 머리만 있는 채로 달과 해를 삼키곤 했다. 이 때문에 일식과 월식이 생겨났다.

락샤사

Rakshasa

인도

힌두 신화에 등장하는 악한 귀물로, 우리가 흔히 아는 '나찰'이 그것이다. 락샤사는 종족의 이름이기도 한데, 인간을 습격하며 피를 마시고 인육을 먹는다. 이들은 바다 위의 이름 모를 섬에서 국가를 이루고 거주한다.

락샤사는 특정한 모습으로 존재하지 않는다. 사자, 코끼리, 호랑이, 사슴, 우마, 낙타, 양 등 짐승의 형태를 하거나 머리가 두 개에서 네 개까지 보여지기도 한다.

락샤사의 울음소리는 매우 끔찍하며 땅을 움직일 정도의 신통력을 가진다. 불교에서는 후에 불법을 수호하는 수호신이 된다.

• 분류	• 출몰 지역	• 출몰 시기	• 기록 문헌
귀물	나찰국	상시 출몰	《법화경》, 《천길의신주경》

• 특징
다양한 형태로 나타나는 식인귀로, 사람의 피를 마시고 인육을 먹는다.

◉ 구전 및 문헌 내용

• 불교 경전 《천길의신주경》에는 나찰(락샤사)에 대한 이야기가 등장하는데, 내용은 다음과 같다.

야차와 나찰은 여러 종류가 있으며 사자, 코끼리, 범, 사슴, 우마, 낙타, 양 등 짐승의 모습을 띤다. 혹은 왜소한 몸에 큰 머리를 가지고 있거나 얼굴은 한 개에서 네 개까지 갖는다. 때로는 거친 사자 털과 같은 것을 두른다. 또 송곳니가 입술을 비집고 나오는 등 흉악한 모습이 대부분이다. 다양한 무기를 들고 있는데 방패, 창, 삼지창, 검, 철퇴, 막대 등을 휘두른다. 울음소리가 매우 무서운데 신통력으로 땅을 움직이기도 한다.

• 《법화경》에는 십나찰녀(열 명의 여자 나찰)에 대한 이야기가 나온다. 십나찰녀의 이름을 살펴보면 '남파藍婆', '비남파毘藍婆', '곡치曲齒', '화치華齒', '흑치黑齒', '다발多髮', '무염족無厭足', '지영락持瓔珞', '고제皐帝', '탈일체중생정기奪一切衆生精氣'다. 한국이나 일본의 민간 전설에도 나찰녀는 요괴나 인간에게 도움을 주는 존재로 자주 등장한다.

락타비자

Raktabija

인도

인도의 고대 악마 중 하나로, 매우 흉측하게 생겼다. 락타비자가 피를 흘리면 피 한 방울당 락타비자를 닮은 요괴 천 마리가 생겨난다. 이 능력 때문에 모든 신과 악마는 락타비자를 두려워한다.

    락타비자를 없애려면 락타비자가 피를 흘리자마자 요괴가 생기기 전에 먹어버려야 한다. 실제 죽음과 파괴의 여신 '칼리Kali'는 이렇게 락타비자를 퇴치한다. 다만 부작용이 있다. 락타비자의 악한 기운 때문인지 알 수는 없으나 그 피를 마시면 미친 듯이 춤추기 시작한다. 이 춤은 보는 이를 쓰러지게 할 정도로 공포스럽다고 한다.

• 분류	• 출몰 지역	• 출몰 시기	• 기록 문헌
귀물	전국 각지	고대	인도 신화

• 특징
흉측한 생김새에, 피를 한 방울 흘릴 때마다 천 개의 악마가 생겨난다.

◉ 구전 및 문헌 내용

• 인도 신화에 전해지는 락타비자에 대한 이야기는 다음과 같다. 락타비자라는 고대 마물이 세상을 파괴할 때다. 이를 막기 위해 많은 신이 공격했지만 피를 흘리면 한 방울마다 요괴 천 마리가 나오는 이상한 능력 때문에 고전 중이었다. 이때 칼리가 락타비자를 상대하게 되었는데 락타비자가 피를 흘리면 피를 마셔버려서 요괴가 생기지 못하게 했다. 그리고 피에 이어 락타비자까지 삼켜버린다. 이렇게 승리한 칼리는 갑자기 춤을 추기 시작하는데 이 춤은 너무나 공포스러웠다. 신들은 춤을 멈출 것을 권했지만 칼리는 멈추지 않았고, 이를 말리려한 남편 시바까지 죽인다. 남편이 죽고 나서야 칼리는 춤을 멈췄지만 너무 놀라 혀가 밖으로 쭉 빠져버렸다.

랑다

Rangda

인도네시아

인도네시아 발리섬에 사는 마녀로, 신성한 짐승인 '바롱'과는 천적 관계다. 랑다는 원래 사람이었으나 흑마술에 심취해 저주를 시작하면서부터 마녀로 변했다. 흑마술로 사람을 병들게 하거나 저주를 퍼부어 재앙이 닥치게 만든다.

생김새는 보기만 해도 무서운데, 얼굴은 붉고 앞니와 눈은 튀어나왔으며 네 개의 어금니가 입술을 비집고 위아래로 각각 나와 있다. 헝클어진 머리카락은 바닥에 닿을 듯 길다.

랑다가 즐겨 먹는 것은 어린아이의 피 묻은 살이며, 머리와 내장만 둥둥 떠다니는 '레야크'라는 귀물을 부리는 것으로 알려져 있다.

• 분류	• 출몰 지역	• 출몰 시기	• 기록 문헌
괴물	발리섬	10세기 이후	인도네시아 전설

• 특징
얼굴이 붉고 네 개의 어금니가 솟아 있는 마녀. 흑마술을 사용한다.

◉ 구전 및 문헌 내용

• 발리의 전통 무용인 바롱 댄스Barong dance에는 랑다와 바롱이 대립하는 장면이 나온다. 바롱은 늘 절대 선의 상징이고, 랑다는 절대 악의 상징이다. 독특한 점은 공연 중 랑다 역할을 남자가 맡는다는 것이다. 마녀인 랑다를 여자가 연기하면 기운이 맞아 많은 힘이 전달돼 재앙이 올 수 있다고 믿기 때문이다.

랑스이르

Langsuyar

말레이시아

말레이시아에 출몰하는 흡혈 괴물로, 동남아시아의 뱀파이어라고 할 수 있다. 랑스이르는 아이가 사산됐다는 소식을 듣고 충격받은 여인이 죽어서 괴물로 변한 것이다. 흡혈 괴물답게 막 태어난 남자아이의 피를 먹거나 여자아이를 통째로 먹는다.

생김새가 아름다운데, 녹색 옷을 입고 머리카락이 바닥에 닿을 정도로 길고 손톱도 길다. 랑스이르는 다른 모습으로 변신할 수도 있다. 변신하면 머리와 창자만 있는 '레야크'와 같아 혐오감을 준다.

랑스이르를 확인하는 방법은 뒷목을 보는 것이다. 뒷목에 구멍이 뚫려 있기 때문인데, 물론 긴 머리카락 때문에 확인하기는 쉽지 않다.

• 분류	• 출몰 지역	• 출몰 시기	• 기록 문헌
괴물	말레이시아 일대	상시 출몰	말레이시아 전설

• 특징
흡혈 괴물로, 손톱이 매우 길며 남자아이의 피를 주로 먹는다.

이 구멍에 랑스이르의 머리카락과 손톱을 넣으면 평범한 여자로 돌아온다.

◉ 구전 및 문헌 내용

• 영국 학자 월터 스키트Walter William Skeat의 저서 《말레이반도의 마법》에 랑스이르에 대한 전설이 실려 있다. 내용을 정리하면 다음과 같다.

원래 랑스이르는 눈부시게 아름다운 여자였다. 그녀는 아이가 사산한 충격으로 죽음을 맞았는데 이후로 이런 귀물이 된 것이다. 그녀는 녹색 옷이나 발목에 닿을 듯한 검은 드레스를 입고, 매우 긴 손톱을 가졌다. 그녀의 손톱과 머리카락을 잘라 목 뒤 구멍에 넣으면 평범한 여자로 변한다. 실제 이런 방법으로 그녀가 아내나 어머니가 된 사례가 있다.

레야크

Leyak

인도네시아

마녀 '랑다'가 소환하여 부리는 마물로, 사역마(마녀와 절대적 주종 관계로 성립되는 마물)다. 랑다와 비슷한 이유로 생겨나는데, 흑마술에 과하게 심취하면 레야크가 된다고 한다.

레야크는 끔찍한 생김새를 하고 있다. 몸은 없고 머리만 둥둥 떠다니는데 그 밑으로 내장과 장기들이 대롱대롱 달렸다. 날아다니는 속도도 꽤 빠른 편이라고. 이렇게 둥둥 떠다니는 레야크는 신생아를 찾아다니며 그 피를 빨아먹는다. 또 묘지에 나타나 시체를 파먹기도 한다.

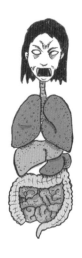

• 분류	• 출몰 지역	• 출몰 시기	• 기록 문헌
귀물	발리섬	상시 출몰	인도네시아 전설

• 특징			
마녀 랑다가 부리는 사역마. 머리만 둥둥 떠 있으며 밑에 내장이 달려 있다.			

다만 악마이지만 인도네시아에서는 인기가 많아 레야크를 섬기는 이들이 있을 뿐 아니라, 소설이나 영화의 소재로도 사용된다.

◉ 구전 및 문헌 내용

• 발리에서는 이해할 수 없는 질병이나 죽음을 레야크 탓으로 여긴다. 또 레야크가 더러운 곤충이나 돼지 등으로도 변신할 수 있다고 한다. 레야크는 귀물이 아니며 낮에는 사람인데, 밤에는 머리와 내장만 떨어져 나가 레야크로 활동한다는 이야기도 있다. 레야크가 묘지에 자주 나타나는 이유는 시체를 파먹기 위함도 있지만 흑마술에 연구할 재료를 얻기 위해서이기도 하다. 묘지에는 시체뿐 아니라 이상한 식물, 기괴한 돌이 많이 있기 때문이다.

로쿠로쿠비

轆轤首ろくろくび

일본

목이 뱀처럼 길게 늘어나는 요괴로, 목이 늘어날 때는 목 쪽에서 연기가 흘러나온다.

　로쿠로쿠비는 두 종류인데 하나는 본인이 요괴인지 모르는 인간, 다른 하나는 인간 사이에 숨어든 요괴다. 전자는 자신이 로쿠로쿠비라는 것을 자각하지 못하다가 밤에 잠이 들면 목이 늘어나 돌아다닌다. 잠에서 깨면 다시 목이 줄어들며 목만 돌아다녔던 일을 꿈으로 여기기도 한다. 이 경우는 평생 자신이 로쿠로쿠비인지 모를 수도 있다. 후자는 로쿠로쿠비가 정체를 숨기고 인간의 모습으로 생활하다가 필요할 때 목을 늘려 인간의 정기를 빨아 먹는다. 둘 다 인간에게 정

• 분류	• 출몰 지역	• 출몰 시기	• 기록 문헌
귀물	일본 각지	에도 시대	《갑자야화》

• 특징
목이 길어져서 뱀처럼 돌아다니는 요괴로, 인간의 정기를 먹는다.

체를 들키면 다시 원래의 목으로 돌아간다. 로쿠로쿠비의 목에는 보라색 힘줄이 있기 때문에 목을 보면 이 요괴라는 것을 알 수 있다.

◉ 구전 및 문헌 내용

• 《갑자야화》에 기록된 로쿠로쿠비에 대한 내용을 정리하면 다음과 같다.

어느 집에 하녀가 있었다. 주인은 하녀가 로쿠로쿠비 같아 몰래 관찰했다. 하녀가 자고 있는 것을 지켜보던 중 갑자기 하녀의 목에서 연기가 피어났다. 그리고는 목이 죽 늘어나 하늘하늘 움직이는 것이었다. 주인이 깜짝 놀라 기척을 내니 목은 원래대로 돌아갔다. 주인은 다음 날 하녀를 해고했다.

• 로쿠로쿠비의 일화 중 갑자기 머리가 달린 긴 목이 나타나 말의 사타구니를 통해 정기를 빨아먹었다는 이야기도 있다. 이를 모르던 주인이 다음 날 말을 타려고 하니 말이 후들거리며 주저앉았다고. 로쿠로쿠비는 인간뿐 아니라 동물의 정기도 빨아먹는 듯하다.

마라

Mara

인도

불교에 등장하는 귀물로, '마라 파피야스Mara papiyas', '바사바르티
(Vasavarti, 욕망을 채워주는 자)', '제육천마왕', '천마파순', '파순'으로도
불린다. 마라는 악한 귀물 즉, 악마인데 세상의 진리를 파괴한다. 그
래서 불교에서는 4대 악마 중 하나로 여긴다.

환상과 환청을 만들어내며 날씨를 바꿀 수 있다. 이런 능력은 수
행을 방해하는 데 쓰여, 석가모니의 수행을 방해한 적도 있다. 물론
석가모니는 마라의 유혹에 넘어가지 않았다. 석가모니처럼 마라의 유
혹을 물리치면 해탈의 경지에 이를 수 있다.

• 분류	• 출몰 지역	• 출몰 시기	• 기록 문헌
귀물	전국 각지 및 타화재천	상시 출몰	《니다나카타》, 《보요경》

• 특징			
불교에 등장하는 사악한 존재. 석가모니를 유혹하기도 했다.			

마라는 타화재천의 왕인데, 타화재천은 천상에 있는 지옥을 뜻한다.

◉ 구전 및 문헌 내용

• 최초의 불타전佛陀傳이라고 여겨지는《니다나카타》에는 마라가 보리수 아래에서 수행하는 석가모니를 방해하는 장면이 기록돼 있다. 내용은 다음과 같다.

마라는 회오리바람을 일으켜 싯다르타(석가모니)를 공격했다. 이것이 통하지 않자 거대한 비를 쏟아부었으며 또 바위, 고온의 숯불, 진흙 등으로 만든 비를 쏟아부었다. 하지만 싯다르타는 흔들리지 않았다. 마라는 마지막으로 세상을 칠흑의 어둠으로 만드는 아홉 가지 수단을 사용해 싯다르타를 공격했다. 그러나 어떤 것도 싯다르타의 마음을 흔들 수 없었으며 결국 마라는 패하고 말았다.

마이쿠비

舞首 まいくび

일본

바다에 등장하는 요괴로, 머리가 세 개다. 세 개의 머리가 서로 욕하고 싸우고 물어뜯는데 머리만 둥둥 떠다니니 모습이 꽤 기괴하다. 또 싸우면서 입에서 불까지 뿜는다고. 이 셋은 무사였는데 싸우다가 죽게 되었다. 그런데 죽은 후에도 원수 관계가 이어진 것이다.

마이쿠비는 딱히 사람을 해치지 않으며 자기들끼리 싸우는 편이다. 그렇기에 나타나도 못 본 척 지나가는 것이 좋다.

마이쿠비가 언제 나타나고 사라지는지는 알려져 있지 않다. 이들이 싸워서 죽은 장소가 마나즈루真鶴 반도여서 마나즈루의 바다 위에서 많이 목격된다.

• 분류	• 출몰 지역	• 출몰 시기	• 기록 문헌
귀물	마나즈루 바다 위	상시 출몰	《회본백물어》

• 특징
바다 위에 나타나는 세 개의 머리로, 서로 욕하거나 입에서 불을 뿜으며 싸운다.

◉ 구전 및 문헌 내용

• 《회본백물어》에는 마이쿠비에 얽힌 사연이 기록돼 있다. 내용을 정리하면 다음과 같다.

가마쿠라 시대 때 세 무사가 마나즈루의 축제에서 말싸움이 붙었다. 세 무사의 이름은 고산타小三太, 마타시게又重, 앗쿠고로惡五郎였는데 말싸움이 결국 몸싸움으로 번져 서로를 죽이게 되었고 모두 목이 달아났다. 머리는 모두 바다에 빠졌는데 이후 세 사람의 머리가 마나즈루 바다에 나타나 서로 욕하며 입에서는 불까지 뿜으면서도 싸우기를 멈추지 않았다.

만만

蠻蠻

중국

숭오산崇吾山, 삼우산參嵎山, 금문산金門山에 거주하는 신조로, 기이하면서도 상서로운 새다. 생김새가 매우 독특한데, 다리도 하나 날개도 하나 눈도 하나로, '비익조比翼鳥'라고도 불린다. 이 기이한 새는 두 마리가 하나가 돼야 쌍을 맞춰 날 수 있는데 한 마리는 청색, 한 마리는 붉은 색을 띤다.

만만이 나타나면 나라에 경사스러운 일이 생기는데 반드시 좋은 일만 있는 것은 아니고 홍수를 몰고 오기도 한다. 이 새의 등에 타면 '길량'처럼 수명이 느는데 무려 천 살까지 살 수 있다고 전해진다. 이로 미루어보아 기록에는 없지만 인간이 탈 정도의 크기 즉, 거대조일 가능성이 크다.

• 분류	• 출몰 지역	• 출몰 시기	• 기록 문헌
괴물	숭오산, 삼우산, 금문산	미상	《박물지》, 《산해경》

• 특징
다리, 날개, 눈도 하나인 새. 한 쌍이 되어야 날 수 있다.

◉ 구전 및 문헌 내용

• 《박물지》에 만만(비익조)에 대한 기록이 있다.

숭오산에 사는 이상한 새는 다리, 날개, 눈이 하나씩이다. 이 새는 두 마리가 합쳐져야 비로소 날 수 있는데 만만이라고 한다. 이 새가 나타나면 나라에 경사가 오고 이 새를 타면 천 살까지 장수할 수 있다.

삼우산에는 두 마리가 합쳐져야 날 수 있는 새, 비익조가 산다. 비익조는 한 마리는 푸르고 한 마리는 붉다.

• 《산해경》에는 덧붙여 금문산에 비익조가 산다고 기록돼 있다. 또 만만이 하늘을 날면 큰 홍수가 발생한다는 이야기도 기록돼 있다.

망량

魍魎

중국

괴물이라기보다 정신에 가까운 존재. 숲속의 정령으로, 중국 괴물인 '기', 한국의 '도깨비'와 동류다. 망량은 세 살 아이의 모습을 하고 있는데 몸은 검붉은 색을 띤다. 얼굴은 오래 쳐다볼 수 없을 정도로 기괴한데 눈은 타오르듯 붉고 귀가 길며 머리카락이 매우 길다. 인간의 소리를 잘 흉내 내기 때문에 현혹되기 쉽다.

망량은 주로 나무에서 생겨난다. 정령이지만 인간이 죽어서 되는

• 분류	• 출몰 지역	• 출몰 시기	• 기록 문헌
정령	산림 지역	상시 출몰	《박물지》,《본초강목》, 《수신기》

• 특징
머리가 길고 기괴한 얼굴을 한 정령. 사람이 죽어서 되기도 한다.

경우도 더러 있어 동류인 기, 도깨비와는 확연히 다른 면모를 보인다. 이렇게 인간이 죽어서 된 망량은 인간에게 해를 끼친다.

◉ 구전 및 문헌 내용

• 《박물지》에 기록된 망량의 모습은 다음과 같다.

> 물속의 정령은 용과 망상罔象이다. 숲속의 정령은 기와 망량이다.
> 땅속의 정령은 분양羵羊이다. 불 속의 정령은 송무기宋無忌다.

• 《수신기》에는 사람이 죽어서 망량이 된 사례가 등장한다.

> 전욱씨顓頊氏에게는 세 아들이 있었는데 아들이 모두 죽어 역귀
> 가 되었다. 하나는 장강의 학귀, 하나는 약수의 망량, 하나는 아
> 이들을 놀라게 하는 소귀가 되었다.

• 의서 《본초강목》에는 망량에게 홀린 인간을 치료하는 약재로 안식향과 고측목古厠木이 나온다. 고측목이란 화장실에서 사용하는 오래된 똥 막대기인데 이를 태운 후 연기를 쐬면 망량에게 홀린 것을 치료할 수 있다.

맹수

猛獸

중국

흔히 성질이 사나운 짐승을 맹수라 하는데, 이 괴물의 이름도 맹수다. 이름만 봐도 성격이 얼마나 난폭한지 알 수 있다.

맹수는 명마가 많이 나는 곳인 대완국 大宛國에서 거주한다. '길량' 이 서식하는 곳이기도 하다. 맹수는 개 정도의 크기로, 크진 않지만 짖는 소리가 깜짝 놀랄 만큼 우렁차다. 특히 닭이나 개들은 짖는 소리만 들어도 꽁지가 빠지게 도망간다. 맹수는 짐승 중에서도 가장 서열이 높다고 추정되는데 호랑이를 굴복시키기 때문이다. 심지어 호랑이의 머리 위에서 소변을 봐도 호랑이가 엎드려 꼼짝하지 않을 정도. 심지어 맹수가 돌아보면 호랑이는 무서워 눈을 찔끔 감았다고 한다.

• 분류	• 출몰 지역	• 출몰 시기	• 기록 문헌
괴물	대완국	한나라 무제 때	《박물지》

• 특징
개만 한 짐승이지만 호랑이를 누를 만큼의 위압감을 가진다.

◉ 구전 및 문헌 내용

• 《박물지》에 기록된 맹수의 모습은 다음과 같다.

한나라 무제 때 대완국에서 한 마리 동물을 바쳤다. 이 짐승은 개만 한 크기를 가졌는데 짖는 소리가 매우 커 사람을 놀라게 했다. 또 닭과 개는 이 짐승의 소리만 들어도 도망가기 일쑤였다. 이에 맹수라 이름 붙였다. 무제는 이 괴이한 짐승을 호랑이 밥으로 주기 위해 동산에 내놓았는데 호랑이가 이를 보고 갑자기 머리를 숙여 엎드리기 시작했다. 무제는 호랑이가 맹수를 잡아먹기 위해 힘을 모은다고 생각했지만 이는 잘못된 생각이었다. 맹수는 호랑이 머리 위로 올라간 후 호랑이 입을 향해 소변을 보았다. 소변을 다 본 맹수는 호랑이 머리 위에서 내려왔고 맹수가 돌아볼 때마다 호랑이는 겁을 먹어 눈을 찔끔찔끔 감았다.

메쿠라베

目競めくらべ

일본

후쿠하라(福原, 현 고베시 효고구) 지역에 나타난 적이 있는 귀물. 처음에는 죽은 사람의 해골 무더기에서 목격되는데, 그 무더기 안에서 작은 해골들이 왔다 갔다 한다. 특정 자극을 받으면 해골들이 하나로 합쳐지는데 그 크기는 14~15장(약 42~45m) 정도다. 이렇게 합쳐진 귀물을 메쿠라베라고 한다.

메쿠라베는 특별히 인간을 잡아먹거나 공격하지 않고 생각보다 강한 기에 잘 눌린다. 마음을 굳게 먹고 강하게 노려보면 스르르 녹아 사라지기 때문이다. 사라지면 뼛조각 하나 흔적이 남지 않는다. 이

• 분류	• 출몰 지역	• 출몰 시기	• 기록 문헌
귀물	후쿠하라 지역	헤이안 시대	민간 전설

• 특징
해골 무더기 형태로 목격된다. 해골들이 합쳐지면 크기가 거대해지며 강한 기에 스르르 녹아 사라진다.

렇게 쉽게 퇴치할 수 있기에 무리하게 공격하거나 찌르는 것은 바람직하지 못하다.

◉ 구전 및 문헌 내용

• 민간에서 전해지는 메쿠라베에 대한 전설은 다음과 같다.

과거 후쿠하라 지역에서 어느 날 아침 기요모리가 일어나 마당을 보았는데 해골이 무더기로 쌓여 있었다. 그런데 그뿐 아니라 해골들이 꿈지럭대며 상하좌우로 움직이는 것이었다. 기요모리는 너무 놀라 비명을 지르고 도움을 청했지만 아무도 오지 않았다. 오히려 그 해골들이 꿈틀대며 하나로 합해졌는데 그 크기가 14~15장이었다. 이 해골들은 하나로 합쳐진 상태에서 수많은 눈으로 기요모리를 노려보았다. 이에 기요모리 또한 지지 않기 위해 해골들을 노려보았는데 잠시 후 해골들은 마치 눈 녹듯 서서히 녹아 흘러내렸으며 결국에는 흔적도 없이 사라졌다.

모구모구렌

目目連 もくもくれん

일본

이름을 해석하면 '눈과 눈이 잇달아 있다'는 뜻으로, 과거 폐가에 살던 바둑 기사의 사념 때문에 생긴다. 주로 폐가의 장지문에 생기는데, 눈은 제각각 움직이고 쳐다보는 것 외에 어떤 일도 하지 않지만 그 수가 많아 기괴하다.

바둑 기사의 사념이 집에 가득 차면 이것이 문을 향하여 눈처럼 생긴다. 일본의 장지문은 칸칸이 바둑판처럼 나눠져 있는 경우가 많다. 그래서 바둑판과 유사한 곳에서 바둑알과 유사한 눈의 형태로 나타나는 것이 아닐까 추정된다. 이 눈은 뜯어서 모을 수도 있다.

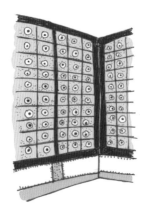

• 분류	• 출몰 지역	• 출몰 시기	• 기록 문헌
귀물+사물	장지문	상시 출몰	《동북괴담여행》, 《화도백귀야행》

• 특징
장지문 칸마다 눈이 빼곡하게 생긴다.

◉ 구전 및 문헌 내용

• 《화도백귀야행》에는 모쿠모쿠렌을 폐가에 생기는 귀물로 기록
했다. 또 바둑 기사의 사념으로 생긴다고도 설명했는데 수록된
그림을 보면 장지문 한 칸에 한 쌍의 눈이 빼곡히 채워져 있는
것을 볼 수 있다.

• 야마다 노리오山田野理夫의 저서 《동북괴담여행》을 보면 모쿠
모쿠렌의 이야기가 수록돼 있다. 내용을 정리하면 다음과 같다.
하루는 에도의 목재상이 나무 사러 갈 일이 있었다. 목재상은
숙박비가 아까워 근처에 있는 빈집에 묵기로 했는데 들어가 보
니 장지문에 수많은 눈이 붙어 있었다. 목재상은 이 눈을 하나
하나 떼서 모은 후 안과의에게 팔았다.

몽쌍씨

蒙雙氏

중국

두 개의 머리와 네 개의 팔이 달린 종족. 특이한 외형 외에 이러저러할 만한 특징은 없다. 하지만 몽쌍씨 종족이 생겨난 이유는 매우 독특해 주목할 만하다. 추방당한 오누이이자 부부가 서로 껴안고 죽었는데 신조가 불사초로 이 둘을 덮어 다시 살아났다. 살아나기까지 약 7년 정도 걸렸는데 둘은 너무 애틋한 나머지 두 개의 머리, 네 개의 팔, 네 개의 다리를 가진 인간이 되었다는 것. 즉, 두 사람이 실제로 하나가 된 것이다. 중국 고서에는 팔이나 머리의 개수가 다른 종족이 간혹 등장하는데 이처럼 정확하게 그 기원이 나오는 종족은 매우 드물다.

• 분류	• 출몰 지역	• 출몰 시기	• 기록 문헌
종족	미상	미상	《박물지》, 《수신기》

• 특징
둘이 하나가 된 인간. 그래서 머리는 둘이고 팔과 다리는 넷이다.

◉ 구전 및 문헌 내용

• 《박물지》, 《수신기》에 기록된 몽쌍씨의 기원은 다음과 같다.

고양씨高陽氏 때 태어난 한 오누이가 서로 사랑하여 결혼하게 되었다. 이들은 고양씨에게 쫓겨나 들판으로 내몰렸는데 서로 꼭 껴안으며 죽고 말았다. 이에 신조가 펄럭이며 나타나 죽음을 물리치는 불사초로 이 둘을 덮었는데 7년 후에 다시 살아나게 되었다. 다시 살아난 모습은 머리 두 개, 팔과 다리가 각각 네 개인 사람이었다. 이들이 몽쌍씨다.

무계국인

無膂國人

중국

무계국無膂國에 사는 종족으로, 이 종족에게는 자손이 없다. 정확히 말하면 자손이 필요 없다. 불사의 존재들이기 때문이다. 무계국인은 죽으면 보통의 인간처럼 땅에 묻히는데 심장이 썩지 않아 백 년 후에 부활하여 다시 사람이 된다. 그러다 보니 결국 같은 사람들로만 백성이 구성되는 것이다. 이와 비슷한 종족인 류鏐국 사람들은 폐가 썩지 않고, 세細국 사람들은 간이 썩지 않아 백 년 후에 다시 살아난다고. 이 세 나라 백성은 모두 같은 뿌리에서 시작된 것으로 추정되는데, 무계국인은 동굴에서 생활하고 진흙을 먹는다. 류국과 세국의 백성도 모두 같은 습성을 가진다.

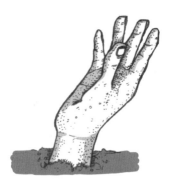

· 분류	· 출몰 지역	· 출몰 시기	· 기록 문헌
종족	무계국	미상	《박물지》, 《산해경》

· 특징
절대 죽지 않는 종족. 심장이 썩지 않아 죽으면 백 년 후에 부활할 수 있다.

◉ 구전 및 문헌 내용

• 《박물지》에 기록된 무계국에 대한 이야기는 다음과 같다.

무계국의 사람들은 동굴에서 거주하고 생활하며 그곳의 진흙을 먹는데 자손이 없다. 그들은 죽고 난 후 땅에 묻히는데 심장이 썩지 않아 백 년 후에 살아나 다시 사람이 될 수 있다. 류국의 사람들은 폐가 썩지 않아 백 년 후에 다시 살아나 사람이 될 수 있다. 세국 사람들은 간이 썩지 않아 백 년 후에 다시 살아나 사람이 될 수 있다. 이 세 나라 사람은 모두 동굴에서 생활하는데 동류의 종족들이다.

무손수

無損獸

중국

남쪽 지역에 거주하는 이상한 괴물. 생김새는 사슴과 비슷하고 머리는 돼지, 꼬리는 사슴과 비슷하고, 어금니가 눈에 띄게 나 있다. 사람을 해치는 괴물은 아니고, 오히려 사람에게 구걸하는데 이를 불쌍히 여긴 이들은 자신의 곡식을 나눠주곤 한다.

무손수를 먹으면 다친 살이 차오르기 때문에 식용이나 약재로도 많이 사용된다. 또 무손수 요리를 하기도 하는데, 국물에 무손수 고기를 넣고 졸이다가 국물이 거의 졸면 다시 고기를 넣어 요리한다. 요리할 때 무손수 고기를 사용하면 맛이 살아나고 음식이 기름져진다.

• 분류	• 출몰 지역	• 출몰 시기	• 기록 문헌
괴물	남쪽 지역	미상	《신이경》

• 특징
사슴, 돼지와 닮은 괴물로, 인간에게 와서 곡식을 구걸한다.

◉ 구전 및 문헌 내용

• 《신이경》에는 무손수에 대해 기록돼 있다.

남쪽 지방에 있는 이상한 짐승은 사슴과 닮았는데 머리가 돼지 같으며 어금니가 나 있다. 또 꼬리는 사슴과 비슷한데 인간을 찾아와 곡식을 달라고 구걸하기 일쑤다. 이 짐승의 이름은 무손 수다. 무손수 고기를 먹으면 병에 걸리지 않고 다친 살은 재생 된다. 무손수 고기는 조리할 수 있다. (…) 국물에 넣고 끓이는데 국물이 떨어질 때쯤 다시 또 고기를 넣고 계속 조리하면서 요리 한다.

바롱

Barong

인도네시아

인도네시아 발리섬에 사는 신수神獸로, 악한 마녀인 '랑다'와 적대 관계다. 바롱은 10세기경 에르랑가왕 때 랑다를 크게 물리친 적이 있다. 또 랑다 외에 사악한 존재들을 쫓아내는 힘도 있다.

　네발짐승으로, 마치 우리나라 사자춤에 나오는 사자와 닮았으며 흰 털이 몸 전체를 덮고 있다. 긴 수염에 눈은 동그랗고 부리부리하다.

　악한 존재를 공격하는 바롱도 원래부터 선한 신수는 아니었다. 인간을 해치는 악한 괴수였지만 성격이 바뀐 것이라고 한다. 악한 기운이 감지되지 않는 평소에는 절의 한쪽 구석에 거주한다.

• 분류	• 출몰 지역	• 출몰 시기	• 기록 문헌
괴물	발리섬	10세기경	인도네시아 전설

• 특징
사악한 존재들을 쫓아내는 발리섬의 신수로, 마녀 랑다와 적대 관계다.

◉ 구전 및 문헌 내용

• 발리의 전통 무용인 바롱 댄스에 대한 다양한 이야기가 있다. 그중 랑다와 바롱이 독특하게 그려진 이야기가 있는데 이 내용을 정리하면 다음과 같다.

　　10세기 발리섬의 왕인 에르랑가의 어머니 랑다는 흑마술에 심취해 있었다. 이에 에르랑가는 그녀의 흑마술이 무서워 내쫓았는데 쫓겨난 랑다는 정글에서 모든 악령과 귀신을 불러 모으기 시작했다. 랑다는 악령과 귀신들을 이끌고 다시 에르랑가를 찾아갔다. 그녀의 부대는 너무나도 강력하여 에르랑가는 신수인 바롱의 도움을 청하게 된다. 바롱은 에르랑가를 도와 전투했고 결국 사악한 마법을 이겨내고 랑다에게서 승리한다. 랑다는 이후 도망쳤다.

바쇼노세

芭蕉精 ばしょうのせい

일본

파초芭蕉의 정령이 사람으로 변한 것이다. 파초에 사람 머리가 달린 형태로, 남자나 여자의 모습으로 나타난다. 여자의 모습으로 나타날 때는 사람을 놀라게 하거나 현혹시키기 위함이고 남자의 모습으로 나타날 때에는 자신의 아이를 잉태하기 위함이다. 그래서 여자가 파초 있는 곳을 지나다 바쇼노세를 보면 임신하는 일도 생긴다.

바쇼노세의 아이는 귀신과 같은 얼굴을 하고, 얼룩조릿대 잎을 먹으면 사망한다. 바쇼노세를 베면 핏자국이 나기도 하는데 베는 즉시 머리가 사라진다.

• 분류	• 출몰 지역	• 출몰 시기	• 기록 문헌
정령	나가노현, 류큐 지역 (현 오키나와현)	상시 출몰	《중릉만록》, 《화도백귀야행》, 민간 전설

• 특징
파초에 사람의 얼굴이 돋아 있는 것. 귀신의 아이를 잉태하게도 한다.

◉ 구전 및 문헌 내용

• 《중릉만록》의 기록에 의하면, 나가노현長野県의 한 스님이 바쇼 노세를 목격한 이야기가 있다. 한 스님이 밤에 길을 가다 파초 아래에서 여인이 유혹했는데 사람이 아닌 듯하여 베었더니 사라졌다는 것이다. 다음 날 가보니 근처에 핏자국이 있었고 따라가니 파초가 쓰러져 있었다.

• 과거 류큐琉球 지역에서는 여인이 한밤중에 파초가 있는 곳을 지나지 않았다고 한다. 이는 잘생긴 남자나 괴물이 있기 때문인데 이를 보고 나면 반드시 임신한다. 임신해서 태어난 아이는 귀신의 얼굴을 하고 있다. 이 아이에게 얼룩조릿대 잎을 물에 담가 먹이면 죽는다.

• 《화도백귀야행》에 나오는 바쇼노세는 파초에 사람의 머리가 달린 모습이다.

바케네코

化猫 ばけねこ

일본

고양이가 나이를 많이 먹거나 꼬리가 일정 길이가 되면 변하는 요괴.
바케네코는 사람으로 둔갑해서 자연스럽게 사람에게 접근하여 머리
를 잡아당기거나 가위에 눌리게 하는 등 다양한 방법으로 괴롭힌다.
악독한 바케네코는 사람을 잡아먹고 그 사람으로 행세하기도 한다.
다만 사람으로 변해도 원래 습성은 남아 있어 그루밍을 하거나 날 생
선을 먹는다. 칼로 베거나 퇴치하면 원래의 몸으로 돌아간다.

• 분류	• 출몰 지역	• 출몰 시기	• 기록 문헌
괴물	일본 각지	안에이 때	민간 전설

• 특징
나이를 많이 먹은 고양이가 변한 요괴로, 다양한 방법으로 사람을 괴롭힌다.

◉ 구전 및 문헌 내용

• 바케네코에 대한 전설 중 재미있는 일화가 있는데 내용은 다음 과 같다.

안에이安永 때 오사카 남부에서 한 남자가 늦게까지 공부하고 있었다. 뒤에서 미닫이가 열리고 누군가가 팔을 잡았는데 너무 놀라 칼로 단칼에 베어버렸다. 아침이 되니 그 팔은 고양이 팔이 었다.

• 바케네코가 노인의 모습으로 등장하는 전설도 있다.

미미사카국(美濃国, 현 오카야마현)의 한 무사의 집에 양자가 있었 는데 밤마다 가위에 눌렸다. 아이의 말에 의하면 이름 모를 노 인이 찾아와 자신의 가슴을 짓누른다는 것이었다. 혼자 잘 때만 나타났는데 아이가 매우 무서워하자, 그렇게 약한 마음으로는 가문을 이을 수 없다며 무사가 핀잔을 주었다. 아이는 마음을 단단히 먹고 그날 밤 손에 단검을 들고 노인이 오기만을 기다렸 다. 노인이 오자 단칼에 베었는데 바로 불을 켜니 핏자국이 바 깥으로 나 있었다. 핏자국을 따라가니 커다란 크기의 고양이가 두 토막이 나서 죽어 있었다.

반호

盤瓠

중국

벌레가 변하여 된 개. 벌레일 때는 사람의 귀에 기생하며 숙주에게 고통을 준다. 이를 꺼내 어두컴컴한 곳에 두면 괴이한 힘을 가진 개가 된다. 벌레일 때는 몸이 금색이지만 개가 되면 휘황찬란한 오색을 띤다.

　반호는 매우 용맹하여 웬만한 장수의 머리통을 뜯을 수 있는데 인간 장사들보다 낫다. 게다가 신묘한 힘을 가지고 있어 날씨를 조종하거나 지진을 일으킬 수도 있다. 사람과 결혼하면 사람의 형태를 한 아이를 낳기도 하는데 이 아이들은 겉으로 보기에는 순진하고 어리숙해 보이지만 속으로는 영민하고 교활하다고 한다.

• 분류	• 출몰 지역	• 출몰 시기	• 기록 문헌
괴물	만이 지역	고신씨 때	《수신기》

• 특징
황금색 벌레가 변하여 된 개로, 매우 용맹하다.

◉ 구전 및 문헌 내용

• 《수신기》에 기록된 반호에 대한 내용은 다음과 같다.

고신씨高辛氏 때 한 노인이 오랫동안 귓병을 앓았다. 의사가 귓속을 보니 벌레가 있어 이를 꺼냈는데 황금색을 띠었다. 의사는 벌레를 박 속에 넣고 덮어두었는데 시간이 지나니 오색으로 빛나는 화려한 개가 되었다. 의사는 이 개를 반호라 불렀다. 당시 융오족戎吳族이 나라에 쳐들어와 번번이 전투에서 패배했고 이에 국왕은 융오족 장수의 머리를 가져오는 이에게 상과 함께 자신의 딸과 결혼시켜줄 것을 약속했다. 어느 날 반호가 궁궐에 왔는데 그는 적장의 목을 물고 있었다. 국왕은 고민했지만 결국 딸과 결혼시켰고 반호와 딸은 산속 깊은 곳에서 아이를 낳고 살았다. 국왕은 사람을 시켜 딸을 찾으려 했지만 갈 때마다 번번이 천지가 흔들리고 날이 흐려 찾을 수가 없었다.

이들의 자손이 바로 만이인蠻夷人인데 겉으로는 순진하고 어리숙하지만 속으로는 영민하고 교활하다 한다.

봉황

鳳凰

한국, 중국, 일본

난조와 더불어 상서로운 새로, 봉황을 보면 그 시기는 태평성대로 추정할 수 있다. 봉황은 한 마리의 괴물을 지칭하는 말은 아니며 '봉鳳'과 '황凰'이 각각 수컷과 암컷을 일컫는다(이른 기린의 작명과 비슷한 면을 보인다).

봉황은 단혈산丹穴山, 제옥諸夭 들판에 서식하며 생김새는 닭과 같은데 다섯 가지 광채가 나는 무늬가 몸에 새겨져 있다. 머리의 무늬는 덕德, 날개의 무늬는 의義, 등의 무늬는 예禮, 가슴의 무늬는 인仁, 배의 무늬는 신信을 상징한다. 즉, 온몸에 고귀한 성질을 모두 가지고 있는 셈이다. 봉황은 주로 춤추는 모습으로 목격되는데 그 춤이 매우

• 분류	• 출몰 지역	• 출몰 시기	• 기록 문헌
괴물	단혈산, 제옥 들판	상시 출몰	《박물지》, 《산해경》

• 특징
닭과 닮은 신조로 다섯 가지 광채를 내는 무늬가 있다.

고고하다고 한다. 노래도 매우 잘하는 것으로 알려져 있다. 절대 누군가에게 길들여지지 않지만 봉황의 알을 주식으로 먹는 이도 있다.

◉ 구전 및 문헌 내용

• 《산해경》에는 봉황의 모습이 다음과 같이 기록돼 있다.

단혈산에 새가 있는데 그 모습이 마치 닭과 닮았다. 오채의 무늬가 있는 이 새의 이름은 봉황이다. 머리의 무늬는 덕, 날개의 무늬는 의, 등의 무늬는 예, 가슴의 무늬는 인, 배의 무늬는 신이라 부른다. 봉황은 스스로 자연에서 음과 식을 해결하고 노래를 부르고 춤을 춘다. 봉황이 나타나면 세상이 평화롭다.

제옥 들판에는 난조와 봉황이 노래하고 춤춘다. 봉황이 알을 낳으면 이곳 주민들이 이를 먹는다.

• 《박물지》에는 한무제 때 나라가 평화로워 기린과 봉황의 목격이 잦았다고 기록돼 있다.

비

蜚

중국

금과 옥이 많이 나는 태산泰山에 서식하는 괴물. 소와 같은 모습을 하
나 머리 부분은 하얗고 눈이 하나다. 꼬리는 두 개인데 모두 뱀 꼬리
처럼 생겼다. 생김새에서 짐작했겠지만 굉장히 지독한 괴물로, 비가
몸에서 뿜는 독기가 스치면 흐르는 물이 바싹 마르고 초목은 말라
죽는다. 이러한 면은 한국의 괴물 '강철이'와 매우 닮았는데 강철이
또한 지나가면 가뭄이 들고 초목이 죽거나 땅에 독기가 들어 썩어 들
어간다. 그뿐 아니라 사람에게 치명적인 역병을 옮기기도 하여, 비가
지나가면 그 일대에 전염병이 퍼진다.

• 분류	• 출몰 지역	• 출몰 시기	• 기록 문헌
괴물	태산	미상	《산해경》

• 특징
눈이 하나인 소와 닮은 괴물. 자연에 닿으면 자연이 썩거나 죽는다.

◉ 구전 및 문헌 내용

• 《산해경》에 기록된 비의 모습은 다음과 같다.

태산에 소와 닮은 짐승이 있는데 머리는 하얗고 눈이 하나다. 또 꼬리는 두 개인데 모두 뱀의 꼬리를 닮았다. 그 짐승의 이름은 비로, 비가 지나가면 흐르는 물은 말라 사라지고 풀과 나무에 닿으면 바로 죽는다. 비가 나타나면 세상에 전염병이 돈다.

비와보쿠보쿠

琵琶牧々 びわぼくぼく

일본

머리는 비파, 몸은 사람인 귀물로, 독특하게 눈을 감고 지팡이를 짚는데 이는 눈이 보이지 않기 때문이다. 과거 일본에서는 비파를 연주하는 맹인을 '자토座頭'라고 했는데, 이 자토의 영혼이 비와보쿠보쿠가 된 것이 아닐까 추정한다.

비와보쿠보쿠는 이름이나 생긴새처럼 당연히 비파를 연주하여 아름다운 선율을 낼 수 있다. 비파를 켜거나 연주하는 것이 아닌 입을

• 분류	• 출몰 지역	• 출몰 시기	• 기록 문헌
귀물+사물	미상	상시 출몰	《화도백귀야행》

• 특징
자토의 영혼이 들어가 만들어진 귀물로, 머리는 비파이고 몸은 인간이다.

열면 비파 음이 나오는 듯하며, 인간의 말을 하는지는 알 수 없다. 특정 장소나 상황에 등장하는 것은 아니나 만나면 기분이 좋아지는 요괴다.

◉ 구전 및 문헌 내용

• 《화도백귀야행》에 비와보쿠보쿠에 대한 기록이 있는데, 다른 비파의 이름으로 등장한다.

겐조보쿠바玄上牧馬げんじょうぼくば라는 비파는 서쪽의 명기로, 이 비파를 연주하면 이상한 일이 자주 생기곤 한다.

비와보쿠보쿠라는 이름은 이 비파의 이름에서 따온 것으로 추정된다.

비유, 산여

肥遺, 酸與

중국

뱀의 일종인데 다리와 날개가 달려 있다. 다리는 여섯, 날개는 넷으로 그 수가 꽤 많다. 태화산太華山에 서식하고, 이 뱀을 목격하면 그해에 나라를 위협할 만큼의 큰 가뭄이 든다고 한다.

산여도 비슷한 괴물인데, 경산景山에 서식하는 뱀과 같은 새로 네 개의 날개와 여섯 개의 눈, 세 개의 발을 가지고 있다. 이 괴물을 목격하면 나라나 고을에 크게 놀랄 만한 일이 생긴다고 한다.

• 분류	• 출몰 지역	• 출몰 시기	• 기록 문헌
괴물	태화산과 경산	미상	《박물지》, 《산해경》

• 특징
날개와 다리가 달린 뱀과 새 형태의 괴수들.

◉ 구전 및 문헌 내용

• 《산해경》에 기록된 비유의 모습은 다음과 같다.

태화산에는 비유라는 뱀이 있다. 이 뱀은 다리가 여섯이고 날개가 넷이다. 이 뱀이 나타나면 세상에 큰 가뭄이 든다.

• 《산해경》에 기록된 산여의 모습은 다음과 같다.

경산에는 뱀과 닮은 새가 있는데 날개가 넷이고 눈이 여섯, 다리가 셋이다. 이 짐승의 이름은 산여이고, 이 새를 보면 고을에 깜짝 놀랄 만한 일이 일어난다.

사공충

射工蟲

중국

강남江南의 산속 냇물에 사는 곤충으로, 독충 중에서도 끔찍한 독충이다. 껍질이 매우 단단한 갑각류의 벌레로 길이는 1~2촌(약 3~6cm) 정도다. 사공충은 입으로 기를 쏴서 독을 옮기는데, 사람이 아닌 사람의 그림자에 쏘며 이를 맞으면 맞은 부위에서 종기가 생긴다. 종기를 치료하지 않으면 생명을 위협할 정두의 병으로 발전한다.

사공충의 무기인 기를 쏘는 행위는 명중률이 높은데, 입안에 기를 잘 쏘기 위한 기관이 있기 때문이다. 이 기관은 '노(弩, 여러 개의 화살을 쏠 수 있는 기계 활)'를 닮았다고 한다.

• 분류	• 출몰 지역	• 출몰 시기	• 기록 문헌
괴물	강남 냇물	미상	《박물지》

• 특징
입으로 기를 쏘는 독충. 기를 그림자에 쏘는데 맞은 부위에 종기가 생긴다.

◉ 구전 및 문헌 내용

• 《박물지》에 기록된 사공충의 모습은 다음과 같다.

　　강남 산속의 냇가에는 사공충이라 불리는 벌레가 거주한다. 이 벌레는 껍질이 단단한 갑각류인데 길이가 1~2촌 정도다. 입안에는 노와 같은 장치가 있으며 이를 통해 사람의 그림자에 기를 발사한다. 그림자에 기를 맞은 사람은 같은 위치에 종기가 생기고 빨리 치료하지 않으면 사망에 이를 수 있다.

사자에오니

栄螺鬼 さざえおに

일본

소라가 30년을 살면 귀물이 들어서는데, 이때 사자에오니로 변한다. 《화도백귀야행》에서는 소라를 뒤집어쓴 귀신의 형태를 하고 있는데 마치 소라게와 비슷한 느낌이다. 하지만 모습이나 특성은 지역 전설이나 문헌마다 조금씩 다르다. 여자의 모습으로 나타나 여행한다는 이야기도 있다.

사자에오니는 주로 바다에서 지내며 간간히 육지에 올라오는데 얽히는 사람은 반드시 죽는다고 한다. 어떻게 사람을 죽이는지는 자세히 알려져 있지 않는데 그렇기에 더 무섭다고. 밤에 나타나 아무도 없을 때 춤을 춘다는 전설도 있다.

• 분류	• 출몰 지역	• 출몰 시기	• 기록 문헌
귀물	해변가	상시 출몰	《화도백귀야행》

• 특징
소라가 오래 묵어서 귀물이 된 것. 여자로 변해 마을을 거닐기도 한다.

◉ 구전 및 문헌 내용

• 《화도백귀야행》에는 사자에오니에 대한 기록과 그림이 실려 있는데, 중국 유교 경전 《예기》를 인용하여 설명한다. 내용은 다음과 같다.

　참새가 바다에 들어가면 조개가 되고 논의 쥐는 메추라기가 된다. 조화가 이러하니 소라도 귀신이 될 수 있다.

직접적으로 사자에오니의 생김새나 특성을 알려주는 내용은 아니지만, 자연적으로 생기는 귀물이라는 점을 말해준다.

• 일본의 보소반도房総半島의 전설에 따르면 혼자 여행하는 여자는 사자에오니일 확률이 높다고 한다. 만약 사자에오니를 숙소에 묵게 하면 숙소 주인은 반드시 죽는다고.

사토리

覚 さとり

일본

기후현岐阜県의 산속에 거주하는 인간형 괴물로, 주로 히다飛驒, 미노美濃에서 목격되었다.

'구하쿠獲くはく'라고도 불리는 이 괴물은 산사람山人 유형 중 하나인데, 검은 피부와 긴 털을 가지고 있어 외국의 설인 괴물 '빅풋bigfoot'을 연상시킨다. 다른 점이라면 사토리는 인간의 말을 하고 사람의 마음을 읽는다는 점이다. 그래서 이름에 '깨닫다'라는 뜻의 한자 '각覺'이 들어간다. 마음을 먼저 읽기에 사토리를 잡는 것은 생각보다 어렵다. 잡는 방향이나 방법을 미리 알아채서 피해 도망가기 때

• 분류	• 출몰 지역	• 출몰 시기	• 기록 문헌
괴물	기후현 히다, 미노 지역	미상	《화도백귀야행》

• 특징
산에 사는 괴물로, 긴 털과 검은 피부를 가지고 있으며 사람의 마음을 읽는다.

문이다. 하지만 지나가는 행인이나 거주민들에게 해를 끼치지는 않는 것으로 알려져 있다.

◉ 구전 및 문헌 내용

• 《화도백귀야행》에는 사토리에 대한 이야기가 기록돼 있다.

　　히다와 미노의 깊은 산속에 구하쿠라는 요괴가 있다. 산사람으로, 사토리라고도 불린다. 피부는 검고 털이 길며 사람의 말을 할 줄 알고 사람의 마음을 읽는다. 하지만 지나가는 이에게 해를 끼치진 않는다. 사람이 사토리를 죽이려 하면 먼저 알아채고 도망간다.

산소

山魈

중국

남산南山 유구사柳溝寺 인근에서 목격된 도깨비와 유사한 정령. 늦은 밤에 나타나며 흉측한 모습을 하고 있다. 키가 천장에 닿을 만큼 크고 피부는 늙은 오이 같이 늘어지고 우둘투둘하다. 또 눈빛이 예사롭지 않으며 계속해서 빠른 속도로 두리번거린다. 입이 큰 편이고 입안에는 송곳처럼 날카롭고 큰 이빨이 다닥다닥 나 있다. 쿠르르륵 쿠르르륵 하는 소리를 내는데, 이 소리는 집이 울릴 정도로 크다. 손톱이 길고 날카로워 한번 잡히거나 긁히면 예리하게 잘려나간다. 일반적인 칼로는 벨 수 없고 그저 타격만 줄 뿐이다.

180

• 분류	• 출몰 지역	• 출몰 시기	• 기록 문헌
정령+괴물	남산 유구사	미상	《요재지이》

• 특징
산에서 나오는 도깨비. 흉측하게 생겼으며 이상한 소리를 낸다.

◉ 구전 및 문헌 내용

• 《요재지이》에 기록된 산소의 모습은 다음과 같다.

남산 유구사에서 한 청년이 공부하고 있을 때다. 밤이 깊고 조용하여 잠을 이루지 못했는데 갑자기 건물의 문이 열렸다. 무언가 그를 향해 다가오고 있었는데 자세히 살펴보니 엄청난 크기의 귀물이 서 있었다. 귀물은 키가 천장의 대들보에 닿을 정도였으며 피부는 늙은 오이와 같았다. 눈도 예사롭지 않게 빛나고 있었으며 계속해서 고개를 왔다 갔다 하며 두리번댔는데 그 모습이 괴이했다. 귀물이 입을 크게 벌리자 날카로운 이빨이 다닥다닥 박혀 있었고 목에서는 쿠르르륵 쿠르르륵 하는 소리가 났다. 청년은 너무 놀라 자신의 패도佩刀를 들어 휘둘렀고 이는 귀물의 허리에 명중했다. 그러자 큰 소리가 들렸는데 화가 난 귀물이 큰 손과 손톱을 휘둘러 청년을 공격했다. 청년은 다행히 피했고 귀물은 이불을 낚아채 그 자리를 떠났다. (…) 청년은 날이 밝자 짐을 싸서 산에서 내려왔는데 그 이후로 다시는 그 귀물이 목격된 일은 없었다고 한다.

산정

山精

한국, 중국, 일본

산에서 사는 도깨비로, 중국, 한국, 일본에서 모두 볼 수 있는 요괴다. 중국과 일본의 산정은 발이 하나로, 사람과 비슷한 형태를 하고 있다. 이들은 벌목꾼의 소금을 훔치거나 돌게, 개구리 등을 구워 먹는 모습으로 등장한다.

우리나라의 산도깨비는 일반 도깨비와 유사한데 산에서 나타나 씨름을 권하거나 장난을 치는 익살스러운 모습으로 구전된다. 군마현群

· 분류	· 출몰 지역	· 출몰 시기	· 기록 문헌
정령	중국 안국현, 일본 군마현 및 산야	상시 출몰	《화도백귀야행》, 《화한삼재도회》

· 특징
산에 사는 도깨비로, 발이 하나 달렸고 벌목꾼의 소금을 훔쳐가곤 한다.

馬県 북부에서는 산신 신앙으로서의 산정의 모습도 구전되고 있다. 산정은 소나무의 정령이며 가끔 소나무에 이목구비가 생겨 위험한 일을 알려주기도 한다. 이렇듯 지역마다 다양한 형태로 알려져 있다.

👁 구전 및 문헌 내용

• 《화도백귀야행》과 《화한삼재도회》에는 산정의 이야기가 기록돼 있다. 여기서는 중국의 문헌을 참고하여 기재했다.

중국 안국현安国県에는 산 귀신이 있다. 사람과 비슷한데 발이 하나고 벌목꾼이 가진 소금을 훔쳐가며 돌게를 구워먹는다.

• 일본 군마현에는 산신으로서의 산정 전설이 있다.

옛날 군마현의 한 나무꾼 집 소나무가 번개를 맞아 불타버렸다. 나무꾼은 이를 보고 매우 안타깝게 생각해 타고 남은 줄기를 모시며 소나무의 혼을 위로했다. 어느 날 나무꾼이 뒷산 오두막에 갈 일이 있었는데 갑자기 소나무에서 이목구비가 생기더니 가지 말라고 하는 것이었다. 다시 보니 이목구비가 사라졌는데 그 말을 듣고 나무꾼은 오두막에 가지 않았다. 후에 눈사태가 일어났는데 눈이 덮쳐 오두막이 무너졌다고 한다.

상류씨

相柳氏

중국

머리가 아홉인 뱀 형태의 괴물. '공공共工'의 신하이기도 하다. 아홉 개의 머리는 전부 사람의 머리와 같으며 다 다른 얼굴을 하고 있다. 아홉 땅에 나는 것을 먹는데 뱀 비늘은 푸른빛을 띤다.

상류씨의 피는 비려서, 죽으면 사체를 빨리 치워야 한다. 그렇지 않으면 비린내와 독성 때문에 그 땅에는 곡식을 심을 수 없다. 또 상류씨가 죽은 흙은 푸석푸석하고 점성이 없어 금세 무너지고 잘 뭉쳐지지 않는다. 억지로 서너 번은 뭉쳐야 겨우 흙다운 흙이 된다. 상류씨는 북쪽을 향해 활을 쏘지 못하는데 이는 공공의 누대를 두려워하기 때문이다.

• 분류	• 출몰 지역	• 출몰 시기	• 기록 문헌
괴물	미상	우나라 때	《산해경》

• 특징
아홉 개의 사람 머리를 가진 푸른 뱀 괴물.

◉ 구전 및 문헌 내용

• 《산해경》에 기록된 상류씨의 모습은 다음과 같다.

공공의 신하로, 상류는 머리가 아홉이며 아홉 땅에서 난 것들을 먹는다. 우禹가 상류씨를 죽였는데 죽은 상류씨의 피에서 비린내가 많이 나 곡식을 심을 수 없었다. 우가 그 땅을 세 번이나 다시 갈고 메우고 했으나 다시 무너지기 일쑤였다. (…) 상류씨는 공공의 누대를 두려워해 북쪽을 향해 활을 쏘지 못한다.

상양

商羊

중국

중국 전설에 나오는 다리가 하나인 새로, '독족조獨足鳥'라고도 불린다. 민광閩廣 지역에 거주하며 몸이 푸르고 부리가 매우 붉고 크기는 고니만 하다.

상양은 천기를 아는 새로, 특히 비가 오려 하면 이를 알고 한쪽 발을 들어 춤을 춘다. 춤은 날개를 천천히 펴서 발을 굽혔다 폈다 하는 식이다. 홍수를 예견하기도 한다. 낮에는 숨어 있고, 주로 무리를 지어 움직이는데 다리가 없는 벌레(지렁이 등)만 먹고 곡식은 먹지 않는다. 울음소리가 사람의 휘파람 소리처럼 아름답고, 무리를 지을 때는 울음소리가 더 커지기도 한다.

• 분류	• 출몰 지역	• 출몰 시기	• 기록 문헌
괴물	미상	민광 지역	《광주지》,《논형》

• 특징
비가 올 것을 미리 아는 새. 다리가 하나고 몸이 푸르다.

◉ 구전 및 문헌 내용

• 《광주지》에 기록된 독족조 즉, 상양에 대한 묘사는 다음과 같다.
  독족조는 몸에 무늬가 있고 부리가 붉다. 낮에는 은신하고 밤에
  활동하는데 더러 낮에 나오는 일도 있다. 무리 지어 시끄럽게 우
  는 새로, 다리 없는 벌레만 먹고 곡식은 먹지 아니한다. 울음소
  리는 사람의 휘파람 소리 같은데 비가 오려 하면 더 크게 운다.
  이 새는 공자가 말한 상양이다.

• 《논형》에 기록된 상양의 이야기는 다음과 같다.
  상양은 비가 오는 것을 사람보다 먼저 알아챈다. 비가 오려 하
  면 한쪽 발을 굽혀 앉았다 일어나면서 계속 춤을 춘다.

설철

齧鐵

중국

남쪽에 거주하고 있는 괴물. 전반적인 생김새는 무소와 같은데 특히 뿔과 발이 매우 닮았고, 털과 가죽은 흑색이다. 설철은 쇠를 먹는 괴물로 한국의 '불가사리'와 매우 닮았다. 불가사리는 밥풀에서 생겨난 괴물로, 쇠를 먹으면 점점 커지며 부적을 붙여야 퇴치가 가능하다. 반면 설철은 쇠를 먹고 대변으로 이상한 금속을 만들어 내보내는데 이 금속의 날카롭기가 강철과 같다. 그래서 주변 사람들은 설철의 대변으로 무기나 물건을 만들고 이 물건들은 내구성이 좋다.

• 분류	• 출몰 지역	• 출몰 시기	• 기록 문헌
괴물	남쪽 지역	미상	《신이경》

• 특징
쇠를 먹으면 대변으로 이상한 금속을 만들어내는 괴물.

◉ 구전 및 문헌 내용

• 《신이경》에 기록된 설철에 대한 내용은 다음과 같다.

남쪽 지역에는 괴상한 짐승이 있는데 이 짐승의 발과 뿔은 무소를 닮아 있다. 이 짐승은 가죽과 털이 흑색이며 쇠를 먹곤 한다. 그 후에 나온 대변으로 무기를 만들 수 있는데 이 대변은 날카로움이 마치 강철 같다. 이 괴상한 짐승의 이름은 설철이다.

세요

細腰

중국

절굿공이(절구에 곡식 따위를 빻거나 찧거나 할 때에 쓰는 공이)가 변하여
된 정령. 모습은 알 수 없고 주로 소리로만 나타난다. 대청마루에 올
라가 "세요야!"라고 부르면 대답한다. 집과 관련된 질문에는 모두 답
해주는데 이를테면 집 근처에 묻힌 황금이나 보물 등에 대해서도 알
려준다. 하지만 황금이나 보물도 시간이 지나면 사람으로 변한다.

한국에는 '은요불'이라는 괴물이 있는데 이들도 은불상이 사람의
형태로 변한 것이다. 이처럼 물건이 오래되면 정령이나 귀신이 붙는데
세요도 그런 요괴라고 볼 수 있다. 세요를 퇴치하는 방법은 절굿공이
를 태우는 건데 딱히 해를 끼치지 않기에 굳이 퇴치할 이유는 없다.

• 분류	• 출몰 지역	• 출몰 시기	• 기록 문헌
정령	오래된 집의 절구	미상	《수신기》

• 특징
절굿공이 속에 깃든 정령. 대청마루에 올라가 부르면 무엇이든 대답해준다.

◉ 구전 및 문헌 내용

• 《수신기》에 기록된 세요의 이야기를 살펴보면 대략 다음과 같다. 하문이라는 이가 이사를 갔다. 이사 온 하문은 어느 날 북쪽 본 채 대들보에 앉아 있었는데 노란 옷을 입은 한 사내가 대청으로 올라가 "세요야!"라고 부르는 것이었다. 그러자 누군가가 대답했다. 그는 다시 "왜 여기서 인간의 냄새가 나느냐?"라고 물었는데 세요는 "여기 인간은 없습니다"라고 대답했다. 그 후로 흰 옷, 푸른 옷을 입은 자들이 나타나 차례차례 같은 질문을 하고 사라졌다. 하문은 그들처럼 대청마루에 올라가 세요를 불렀다. 역시 대답이 있었다. 그는 노란 옷, 흰 옷, 푸른 옷을 입은 이들이 누군지 차례로 물었고 세요는 그들이 황금과 동전, 백은임을 알려주었다. 하문은 이번엔 세요가 누구인지 물었는데 세요는 자신이 절굿공이라고 대답했다. 다음 날 하백은 세요가 알려준 곳을 파서 보물을 수거했고 후에 절굿공이는 태워버렸다.

소맥충

小麥蟲

중국

괴물의 실제 이름은 아니다.《박물지》에 등장하는 괴물로, 보리小麥와 같다고만 기록돼 있다. 이 벌레는 작은 보리만 하며 무리를 지어 이동한다. 생김새는 껍데기가 한 겹 씌워져 있는 것처럼 보이기도 한다.

소맥충은 병자 주변에서 잘 발견되는데 병자가 사망하면 순식간에 날아와 죽은 사람의 살과 내장 등을 먹어 치운다. 결국 시체는 앙상한 뼈만 남게 된다. 수가 너무 많아 대대적으로 퇴치하려 한 적이 있으나 결국 실패했다. 이 벌레를 막으려면 사람이 죽자마자 무언가로 싸거나 가래나무로 관을 만들어야 한다. 이는 소맥충이 가래나무 냄새를 싫어하기 때문이다.

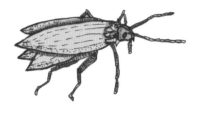

• 분류	• 출몰 지역	• 출몰 시기	• 기록 문헌
괴물	광주 서남쪽	삼국 시대 때	《박물지》

• 특징
작은 보리와 같이 생긴 벌레로, 무리 지어 사람의 살과 내장을 먹는다.

◉ 구전 및 문헌 내용

• 《박물지》에 기록된 보리와 닮은 벌레에 대한 내용은 다음과 같다.

> 광주廣州 서남쪽 일대인 계림桂林, 진흥晉興, 영포寧浦 지역에 괴상한 벌레가 나타나는데 사람이 병이 들면 근처를 날다가 숨이 끊어지면 살을 먹어 치운다. 이 벌레의 크기는 작은 보리만 하며 껍데기와 비슷한 것이 있다. 이 벌레를 퇴치하기 위해 계속 때려 잡았는데 그 수가 어마어마했다. 하지만 결국 벌레를 막지는 못했다. 이 벌레는 뼈만 남을 때까지 사람을 먹어치운다. (…) 이 괴충은 가래나무 냄새를 싫어해 가래나무로 관을 만들면 접근을 막을 수 있다.

스이코

水虎 すいこ

일본

무릎에 호랑이의 발톱 같은 것이 나 있고 어린아이와 같은 모습인데 비늘 갑옷이 천산갑 혹은 잉어와 같다. 스이코는 이상하게 생긴 무릎으로 아이를 유인하고 아이가 홀려서 따라오면 깨문다. 원래는 중국의 요괴였으나 일본의 '갓파'와 합쳐지면서 생김새만 비슷한 새로운 요괴로 탄생했다.

나가사키현의 스이코는 1년에 한 번 인간을 물속으로 데리고 와서 피와 영혼을 먹고 시체만 버리는 괴물로, 아오모리현의 스이코는

• 분류	• 출몰 지역	• 출몰 시기	• 기록 문헌
괴물	강가 바깥 및 물속	상시 출몰	《양면기》, 《화도백귀야행》

• 특징
물속에 사는 괴물. 무릎에 호랑이 발톱 같은 것이 나 있고 인간을 공격한다.

어린아이들만 물속으로 데리고 가는 요괴로 알려져 있다.

◉ 구전 및 문헌 내용

• 《화도백귀야행》에는 스이코에 대한 이야기가 다음과 같이 기록
  돼 있다.

  > 스이코는 마치 어린아이처럼 생겼다. 비늘은 마치 천산갑이나
  > 잉어와 같고 무릎은 호랑이의 발톱과 같다. 속수涑水 물가에 살
  > 며 항상 모래 위에 비늘을 드러낸다.

• 중국 문헌인 《양면기》에도 스이코의 원형인 '수호'에 대한 이야
  기가 있다.

  > 물속에 괴이한 생물이 있는데 서너 살 아이와 같고 천산갑과 같
  > 은 비늘 갑옷이 있다. 가을에 모래밭에 앉아 있는데 무릎이 호랑
  > 이 발톱과 비슷하다. 이 무릎을 아이가 가지고 놀면 그 아이를
  > 깨문다. 살아 있는 수호를 잡으면 코를 잡고 살살 다뤄야 한다.

스즈리노타마시

硯の魂 すずりのたましい

일본

벼루를 옆에 두고 자면 간혹 벼루 안에 바다가 생기고 주위에 병사들이 생겨나 전투하거나 행진을 하는데, 이 병사들을 스즈리노타마시라고 한다. 영화 〈토이 스토리〉에 나오는 장난감 병사와 비슷한 느낌으로, 함성을 지르거나 치열하게 싸우거나 빨빨거리며 방 안을 돌아다닌다. 스즈리노타마시는 아카마가세키(赤間が関, 현 시모노세키시)의 돌로 만든 벼루에서만 나온다. 아카마가세키는 겐페이 전투에서 헤이케 일족이 패한 곳인데, 헤이케 일족의 원한이 만들어낸 귀물일 가능성이 크다.

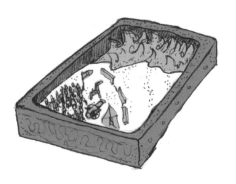

• 분류	• 출몰 지역	• 출몰 시기	• 기록 문헌
귀물	벼루 속	미상	《화도백귀야행》

• 특징
벼루 안에서 바다가 생기고 주위에 병사가 생긴다. 이는 벼루 안에 깃든 원한 때문이다.

 구전 및 문헌 내용

• 《화도백귀야행》에 기록된 스즈리노타마시에 대한 내용은 다음과 같다.

아카마가세키의 돌로 만든 벼루를 사용하던 이가 하루 종일 《헤이케 이야기》를 읽다가 꾸벅꾸벅 졸게 되었다. 그러자 벼루 안에 별안간 바다가 생겨 파도치고 겐페이의 싸움이 지금 일어난 듯 눈앞에 보였다.

습습어

鰼鰼魚

중국

탁광산涿光山에서 흘러나온 효수囂水에 사는 물고기로 생김새는 새에 가깝다. 열 장의 날개로 날아다니고, 날개 끝에는 물고기 비늘이 달려 있다. 생김새가 새에 가깝기 때문인지 울음소리도 새와 닮았는데 특히 까치와 닮았다고 한다.

습습어는 화재를 막을 수 있는 수의 기운이 가득한 괴어다. 또 습습어를 먹으면 단병을 이겨낼 수 있다고 하는데 여기서 단병이란 열의 기운과 습한 기운이 충돌할 때 생기는 병을 말한다.

• 분류	• 출몰 지역	• 출몰 시기	• 기록 문헌
괴물	탁광산 효수	미상	《산해경》

• 특징			
열 장의 날개로 공중을 나는 물고기. 화재를 막을 수 있다.			

◉ 구전 및 문헌 내용

• 《산해경》에 기록된 습습어에 대한 내용은 다음과 같다.

탁광산에서 시작하는 효수에는 습습어가 많이 살고 있다. 습습어의 모습은 마치 까치와 같은데, 열 장의 날개를 가지고 있고 날개깃 끝에는 비늘이 달려 있다. 습습어는 까치 소리를 내며 우는데 화재를 막을 수 있다. 습습어를 먹으면 단병에 걸리지 않는다.

시로보즈

白坊主 しろぼうず

일본

일본 달걀귀신의 한 종류로, 우리나라의 달걀귀신에 비해 강렬하지는 않다. 생김새는 한국과 일본 모두 비슷한데, 얼굴에 이목구비가 없으며 하얀빛을 띤다. 다만 시로보즈는 목격자가 많고 사람을 놀라게 하는 데 비해 우리나라의 달걀귀는 보면 즉사할 정도의 공포감을 준다.

시로보즈는 일본의 오사카 남부 이즈미和泉 지역에서 많이 목격되는데, 여기서도 시로보즈의 기원에 대해 여러 말이 많다.

시로보즈는 한밤에 산속이나 거리에서 목격된다. 시로보즈와 비

• 분류	• 출몰 지역	• 출몰 시기	• 기록 문헌
귀물	이즈미 지역	상시 출몰	민간 전설

• 특징			
눈, 코, 입이 없는 귀신으로, 밤중에 길가에 나타나 사람들을 놀라게 한다.			

숫한 '구로보즈黑坊主'라는 것도 있는데, 이 귀물은 입만 있으며 자는 여자의 숨을 들이마신다.

◉ 구전 및 문헌 내용

• 이즈미 지역에서 자주 목격된 시로보즈는 주로 늦은 밤에 나 타나 사람들을 놀라게 했다가 사라진다. 목격담에 의하면 주로 스님의 모습을 하고, 승복을 입었다고. 이 지역에서는 여우가 변해 시로보즈가 된 것은 아닌지에 대해 의견이 분분하다.

시로우네리

白溶裔 しろうねり

일본

집에 있는 천이나 낡은 행주가 오랜 시간을 거치면 다른 존재로 변한다. 이는 일본에서 자주 보이는 사례로, 사물이 오래되거나 연유가 생겨 귀물이 되는 것을 '쓰쿠모가미付喪神'라고 한다. 재미있는 점은 우리나라의 도깨비나 귀물도 비슷한 이유로 생기는 것이 있다는 것이다.

시로우네리는 하얀 천이 뱀이나 용처럼 변하는 것인데, 뱀처럼 꿈틀거리기도 하고 하늘거리기도 한다. 이는 너구리화된 직물인 '기누타누키絹狸'와 뱀화된 직물인 '사대蛇帶'와 비슷하다.

시로우네리는 주로 더러운 천으로 만들어진 요괴이기에 사람을 습격해서 더러운 물질을 묻히거나 악취를 옮긴다.

• 분류	• 출몰 지역	• 출몰 시기	• 기록 문헌
귀물+사물	가정집 주방	상시 출몰	《화도백귀야행》

• 특징
더러운 천이나 행주가 뱀처럼 변한 것으로, 악취와 더러운 물질을 사람에게 옮긴다.

◉ 구전 및 문헌 내용

• 《화도백귀야행》에 그려진 시로우네리는 마치 용과 같은 모습을 하고 있다. 특히 머리와 다리가 용의 것과 상당히 유사하다. 설명은 짧게 기록돼 있는데 오래된 천이나 행주가 변해서 된 것이라고 한다. 다른 문헌에는 등장하지 않아 저자의 창작 요괴라는 설이 유력하다. 하지만 이후 다양한 책에서 시로우네리가 등장하며, 더러운 물질이나 악취를 옮긴다는 이야기는 그 후에 덧붙여진 내용인 듯하다.

아가수라

Aghasura

인도

'라후'처럼 아수라 종족 중 하나다. 아수라는 인간과 신이 반씩 섞인 존재들로 싸움과 전쟁을 좋아하는 악귀족이다.

아가수라는 거대한 뱀 형태의 괴물로 자기 구역을 정하여 거주하는데 그곳에 누가 침입하면 즉시 공격한다. 입을 크게 벌려서 동굴이나 어두운 공간으로 착각하게 하여 침입자를 유인하는데 발을 내딛는 순간 잡아먹는다. 아가수라의 입이라는 것을 알아채려면 들어가는 동안 냄새를 확인해야 한다. 이상한 냄새가 난다면 바로 발을 빼 돌아가야 한다.

아가수라의 약점은 두 눈으로, 눈을 찌르면 죽일 수 있다. 아가수라는 영웅이자 선지자인 '크리슈나Krishna'에게 죽임을 당한다.

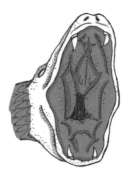

• 분류	• 출몰 지역	• 출몰 시기	• 기록 문헌
괴물	자신의 거주지	미상	인도 신화

• 특징
거대한 뱀형 괴물. 입을 크게 벌려 침입자를 기다린다.

◉ 구전 및 문헌 내용

• 인도 신화에 전해지는 아가수라에 대한 이야기는 다음과 같다.
  아가수라는 뱀으로 변해 크리슈나가 지나가는 길에서 입을 벌
  리고 있었다. 그곳은 마치 동굴과 같았고 크리슈나 역시 아무런
  의심 없이 아가수라의 입으로 들어섰다. 입에 들어선 크리슈나
  는 기분 나쁜 냄새에 의심했고 빨리 탈출한 뒤 아가수라의 눈을
  찔렀다. 아가수라는 단칼에 죽는다.

아메후리코조

雨降小僧 あめふりこぞう

일본

머리에 우산을 쓰고 있는 기묘한 귀물로, 원래 비의 신 '우사雨師'를 모시는 동자인데 귀물이 된 까닭은 알 수 없다.

등불을 들고 다니는데 우산이 없는 이를 보거나 비가 와서 난감해 하는 이가 있으면 다가와 말을 건다. 다만 우산이 탐나서 이를 뺏어 쓰면 다시는 우산이 머리에서 떨어지지 않는다고 전해진다. 또 우사의 힘을 이어받아 비가 오게 할 수 있다.

아메후리코조는 주로 달리는 모습으로 목격되는데 이 외에는 특별히 사람을 해치거나 장난을 치지 않는다. 비가 오는 날, 아이가 머리에 우산을 쓰고 뛰어간다면 세심하게 살펴보도록 하자.

• 분류	• 출몰 지역	• 출몰 시기	• 기록 문헌
귀물	비 오는 지역	상시 출몰	《화도백귀야행》

• 특징
우사를 모시는 동자로, 머리에 우산을 쓰고 있고 비가 오게 할 수 있다.

 구전 및 문헌 내용

• 《화도백귀야행》에는 비의 신인 우사를 모시는 동자로 아메후리코조를 기록하고 있다. 다만 등불을 들고 우산을 머리에 쓰고 있는 모습이라고 한다.

아부라스마시

油すまし

일본

구마모토현熊本에 구전되는 요괴로, '아부라즈마시油ずまし'라고도
한다. 주로 얼굴이 큰 난쟁이 모습에 재래식 우비인 도롱이를 걸치고,
한 손에는 지팡이를 들고 있다. 어디에 사는지는 불분명하나 고개나
산을 넘을 때 아부라스마시에 대한 이야기를 하면 "여기 있지!" 하며
나타난다고.

기름병을 매고 나타나거나 지나가는 사람 머리 위로 끈에 묶인 기
름병을 갑자기 내려보내서 놀라게 한다. 딱히 사람을 해치지 않으며
오로지 놀라게 하는 것을 취미로 삼는 듯하다. 기름을 훔친 죄인의
망령이라는 이야기도 있지만 이 또한 추측일 뿐이다.

• 분류	• 출몰 지역	• 출몰 시기	• 기록 문헌
귀물	구마모토현	상시 출몰	《아마쿠사섬 민속지》

• 특징
얼굴이 큰 난쟁이 귀물. 산속의 행인들에게 기름병을 내려보내 놀라게 한다.

◉ 구전 및 문헌 내용

• 하마다 류이치浜田隆一의 저서 《아마쿠사섬 민속지》에 기록된
  내용은 다음과 같다.

　　한 노파와 아이가 구마모토현의 고개를 넘고 있었다. 노파가
　　"이곳에는 길을 지나가면 기름병을 떨어뜨리며 놀라게 하는 요
　　괴가 있단다"라고 말하자 아이는 "지금도 나오나요?"라고 되물
　　었다. 그러자 기름병이 떨어지며 아부라스마시가 나타났다.

아부라아카고

油赤子 あぶらあかご

일본

한자어를 해석하면 '기름 어린아이'라는 뜻으로, 평소에는 불덩이 형태로 떠다니다 늦은 밤이 되면 창문이나 열린 문틈으로 들어온다. 집안으로 들어온 아부라아카고는 어린아이 모습으로 변하는데, 등불이나 다른 기름을 쭉 빨아먹고는 다시 불덩이로 변해 도망간다.

아부라아카고는 귀물이 되기 전부터 어린아이의 모습은 아니었다. 원래는 한 마을의 기름 장수였으나 밤마다 길거리에 서 있는 지장보살의 기름을 훔치다 죽어 아부라아카고가 된 것이다. 죽을 때 혼백이 불꽃이 되었고, 그 불꽃이 뭉쳐 불덩이가 되었다고.

이 귀물은 《화도백귀야행》에서만 등장해 저자인 토리야마 세키엔鳥山石燕이 창작한 것이 아니냐는 설도 있다.

• 분류	• 출몰 지역	• 출몰 시기	• 기록 문헌
귀물	오미국 오쓰	상시 출몰	《화도백귀야행》

• 특징
밤에 집집마다 돌아다니며 기름을 빨아먹는 어린아이 요괴.

◉ 구전 및 문헌 내용

• 《화도백귀야행》에는 아부라아카고의 이야기가 기록돼 있는데
  내용은 다음과 같다.

  오미국 오쓰大津의 팔 정町에서 옥구슬처럼 불똥 튀는 일이 있
  었다. 옛날 시가 마을에는 기름을 파는 이가 밤마다 오쓰 거리
  지장의 기름을 훔쳤는데, 그 자가 죽어 혼백이 불꽃이 되었고 현
  혹하는 불이 된 것이다. 그렇다면 기름을 빨아먹는 아이는 그
  혼백이 다시 태어난 것 아닐까?

아시아라이야시키

足洗邸 あしあらいやしき

일본

이름을 해석하면 '발 닦는 저택'이라는 뜻으로, 거대한 털북숭이 발인 귀물. 매일 밤 천장을 뚫고 내려와 "발을 닦아라!"라고 말한다. 만약 발을 닦지 않으면 천장 여기저기를 오가며 발로 뚫고 내려와 가구와 집을 망가뜨리기 때문에, 이를 막으려면 가족이 다 같이 모여 발을 닦아야 한다.

이 귀물은 '데가타카사'와 '덴조쿠다리'를 합친 성격으로, 생겨난 원인은 알 수 없다. 일단 덴조쿠다리처럼 천장을 통해서 내려오고 데가타카사처럼 거대한 신체 일부가 나타난다.

아시아라이야시키를 따로 퇴치하는 방법은 없으며, 이사를 가는 게 최선이다. 괴롭힐 가족들이 사라지면 이 귀물도 나타나지 않는다.

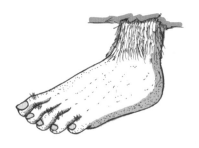

• 분류	• 출몰 지역	• 출몰 시기	• 기록 문헌
귀물	도쿄 스미다구	에도 시대	민간 전설

• 특징
천장을 뚫고 내려오는 거대한 발로, "발을 닦아라!"라고 말한다.

◉ 구전 및 문헌 내용

• 전설에 등장하는 아시아라이야시키에 대한 이야기는 다음과
같다.

에도 때 혼조미카사 마을(현 스미다구)에 아지노 큐노스케味野岌
之助라는 무사의 집에서 일어난 일이다. 어느 날 쿵쿵거리는 소
리와 함께 털이 수북한 거대한 발이 천장을 찢고 내려오더니 "발
을 닦아라!"라고 말했다. 무서워 가만히 있으면 날뛰며 천장을
여러 군데 찢고 가구와 집을 망가뜨렸는데 어쩔 수 없이 모두가
달라붙어 이 거대하고 털이 수북한 발을 닦아줘야 했다. 어느
날 한 친구가 이 이야기를 듣고 매우 흥미로워하며 집을 바꾸자
고 제안했는데 집을 바꾸니 아무 일도 일어나지 않았다.

아야카시

アヤカシ

일본

'이무기'부터 시작해 이집트의 '아페프', 메소포타미아 지역의 '티아마트' 등 거대한 뱀 괴물에 대한 전설은 나라마다 있다. 일본에도 거대한 뱀 괴물이 있는데 이름은 아야카시다.

주로 서국 해상에 주로 나타나는데, 길이가 길어 이 뱀을 넘으려면 2~3일이 걸릴 정도라고. 아야카시가 움직일 때 대량의 기름이 나오는데, 기름이 배에 들어오면 빨리 퍼서 버려야 한다. 그렇지 않으면 기름의 무게 때문에 배가 가라앉기 때문이다.

《화도백귀야행》에 기록된 괴물은 일본의 거대 뱀 괴물인 '이쿠치イクチ'가 잘못 기재되었다는 설도 있다.

• 분류	• 출몰 지역	• 출몰 시기	• 기록 문헌
괴물	서국 해상 지역	상시 출몰	《화도백귀야행》

• 특징
거대한 뱀. 움직일 때마다 기름이 나오는데, 이 기름을 퍼내지 않으면 배가 가라앉는다.

◉ 구전 및 문헌 내용

• 《화도백귀야행》에 기록된 아야카시에 대한 내용은 다음과 같다.
아야카시는 서국 해상에서 배 있는 곳으로 올라올 때가 있는데
긴 배를 넘는 데 2~3일이 걸린다. 이때 기름이 나오는데 선원은
온 힘을 다해 기름을 퍼내야 한다. 그렇지 않으면 배가 가라앉
는다.

아오뇨보

靑女房 あおにょうぼう

일본

낡은 집에서 늘 누군가를 기다리며 화장을 하는 여성 귀물로, 주로 폐가나 망해가는 궁궐, 가문 등에서 나타난다. 그녀의 눈썹은 민둥민둥하니 없고 이빨은 검게 칠해져 있는데 이 모습이 너무 무서워 보는 순간 얼어붙게 된다.

아오뇨보는 궁녀의 의복을 입고 앉아 있는데, 이름에 사용된 한자인 '청녀靑女'는 과거 일본에서 많이 쓰이던 말로 주로 궁정이나 귀족의 수발을 들던 직급 낮은 궁녀를 뜻한다. 주로 문헌에서는 붓이나 거울을 들고 있는 모습으로 등장하는데 간혹 부채를 든 모습도 나온다.

• 분류	• 출몰 지역	• 출몰 시기	• 기록 문헌
귀물	낡은 집, 궁궐	미상	《화도백귀야행》

• 특징
낡은 집에서 누군가를 기다리며 화장하는 여성 귀물.

◉ 구전 및 문헌 내용

• 《화도백귀야행》에 아오뇨보에 대한 이야기가 짧게 실려 있다.
기록에 의하면 낡고 오래된 집에 있는 궁녀 모습을 한 요괴라
고. 눈썹은 민둥민둥하고 이빨은 검게 물들였는데 누군가를 기
다리며 화장을 하고 있다고 한다. 또 거울을 보며 검은 이빨로
환하게 웃는 그림이 함께 수록돼 있다. 아오뇨보는 다른 문헌
에는 거의 등장하지 않아 《화도백귀야행》에 기록된 모습으로
많이 알려져 있다.

아즈키하카리

小豆はかり あずきはかり

일본

천장에 숨어 있는 귀물로, 사람 눈에는 띄지 않으며 어떤 생김새인지 가늠하기 어렵다. 다만 아무 소리도 들리지 않을 때 천장 안에 나타나 매일 팥 뿌리는 소리를 낸다. 이를 몇십 년간 하기도 하는데 처음에는 조금씩 뿌리다가 나중에는 쏟아붓는 소리가 들린다.

아즈키하가리는 천장 안에서 다양한 소리로 사람을 현혹하는데, 물을 뿌리는 소리나 정원을 걷는 소리 등 다양한 재주를 부린다. 이를 듣고 호기심에 천장을 열어봐도 결국 아무것도 없다.

이처럼 소리로만 존재하는 요괴로는 '오이테케보리おいてけ堀', '후루소마古柚ふるそま'가 있다. 오이테케보리는 강가에서 낚시를 한 후 물고기를 가져가려고 하면 "두고 가! 두고 가!"라는 소리를 내고, 후루

• 분류	• 출몰 지역	• 출몰 시기	• 기록 문헌
귀물	도쿄 아사부	상시 출몰	《괴담 노인의 지팡이》 및 민간 전설

• 특징
천장에 숨어서 팥 뿌리는 소리를 낸다. 인간의 눈에는 보이지 않는다.

소마는 아무도 없는 산에서 도끼질하는 소리와 함께 "넘어간다!"라는 소리를 낸다. 그런데 실제로 산에 가보면 넘어진 나무는 없다. 또 '이시나겐조石投げんじょ'라는 괴현상도 비슷한데, 밤에 바다 근처에서 바위가 부서지는 소리가 들리는 현상이다. 역시 다음 날 근처에 가보면 아무것도 없다.

◉ 구전 및 문헌 내용

• 헤즈쓰 도사쿠平秩東作의 저서인 《괴담 노인의 지팡이》에 도쿄 아사부麻布에서 일어난 다음의 기묘한 이야기가 기록돼 있다.

과거 아사부의 한 무사의 집에는 아즈키하카리라는 귀물이 살고 있었다. 그의 친구는 이런 괴상한 것에 관심이 많아 이 귀물을 보고 싶어 했다. 그러자 무사는 며칠 묵으면 볼 수 있다고 했고 친구는 무사의 집에서 며칠 밤을 보낸다. 무사는 "조용히 해야 놈이 나온다"라며 조용히 기다리는데, 정말 천장에서 쿵쿵거리는 소리가 들렸고 파라락 하는 팥 뿌리는 소리가 들렸다. 무사는 좀 더 있으면 재미있는 일이 일어날 거라고 했는데 잠시 후 마당을 걷는 소리, 물을 촤락촤락 뿌리는 소리가 났다. 친구는 참지 못해 천장을 열어보았지만 아무것도 없었다.

악전

偓佺

중국

괴산槐山에서 약을 캐는 노인으로, 선인에 가깝고 솔방울을 즐겨 먹는다. 솔방울 때문인지는 알 수 없지만 기괴한 능력을 가졌는데 하늘을 달리고, 달려서 뛰어가는 말을 앞지를 수 있다. 기록에 의하면 솔방울을 먹은 다른 사람들은 300살 이상 살았다고 한다. 솔잎은 중국과 한국의 민간에서 잡귀와 재액을 물리친다고 알려져 있다. 또 한국의 의서《동의보감》에서도 솔잎을 먹은 후 가볍게 뜀박질하고 다니는 여인의 이야기가 등장한다.

악전은 생김새도 독특한데 몸에는 7촌(약 21cm) 정도의 긴 털이 나 있고 눈은 일반적인 사람처럼 동그랗지 않고 예리하게 각이 져 있다.

• 분류	• 출몰 지역	• 출몰 시기	• 기록 문헌
괴물	괴산	미상	《수신기》

• 특징
솔잎을 즐겨 먹으며 하늘을 나는 괴상한 노인.

◉ 구전 및 문헌 내용

• 《수신기》에 나오는 이상한 노인 악전의 이야기는 다음과 같다.
　　괴산에서 약초를 캐는 악전이란 노인이 있었는데 솔방울 먹기를
　　즐겼다. 그의 몸에는 7촌 길이의 털이 나 있었고 눈은 각진 모양
　　이었다. 그는 신묘한 능력을 가졌는데 하늘을 달리기도 했고 뛰
　　는 말을 달려서 따라잡을 수 있었다. (…) 당시 솔방울을 먹은 이
　　들은 모두 300살 이상 살았다.

알루

Alu

이라크, 이란

메소포타미아의 저승인 쿠어Kur에 사는 악귀로, 아카드 및 수메르 신화에 등장한다. 생김새는 무서운데 얼굴에 입과 귀가 없고 눈과 코만 뚫려 있다. 또 팔과 다리가 하나씩 있다.

'라비수'와 더불어 메소포타미아 지역에서 무서워했던 존재 중 하나로, 사람들은 밤에 알루가 찾아올까 봐 매우 두려워했다. 알루가 찾아오면 자는 사람에게 스미듯 덮치는데 이를 '덮는다'라고 한다. 이렇게 덮인 사람은 의식을 잃거나 혼수상태에 이르고 이름 모를 질병

• 분류	• 출몰 지역	• 출몰 시기	• 기록 문헌
귀물	쿠어 및 늦은 밤 침실	상시 출몰	아카드 및 수메르 신화.

• 특징
쿠어에 거주하는 악귀로, 자고 있는 사람에게 나타나 스미듯 악행을 저지른다.

에 걸린다. 알루는 라비수와는 달리 퇴치하는 법이 따로 있지 않아 더욱 공포스럽다.

◉ 구전 및 문헌 내용

아시리아 학자인 스티븐 허버트 랭던Stephen Herbert Langdon은 고대 아시리아인들의 설형문자를 번역했다. 이 설형문자에 알루의 성격이 짧게 기록돼 있다. 사악한 알루는 옷처럼 덮듯이 다가와 스며든다고 기록돼 있다. 이 행위는 매우 강력하여 피하기 어렵다. 스티븐 허버트 랭던은 알루가 양성의 존재라고 주장하기도 했다.

알유

猰貐

중국

소함산小咸山에 서식하는 사람을 잡아먹는 괴물로, 붉은 소의 몸에 사람이나 용의 머리를 하고 있다. 덩치가 꽤 큰 편이며 말의 다리를 가지고 있는데 움직임이 매우 빠르다. 울음소리는 어린아이의 목소리와 같다. 세상에 열 개의 태양이 생겨난 일이 있는데 이때를 틈타 인간을 습격하고 잡아먹으며 해를 끼치기도 했다.

알유는 원래부터 괴물은 아니었다. 원래는 뱀의 몸에 인간의 얼굴을 한 천신이었는데 살해를 당한 후 괴물로 변한 것이다. 신에서 괴물이 된 얄궂은 운명답게 그 성격이 난폭하고 흉악하며 사람만 보이면 잡아먹는다.

• 분류	• 출몰 지역	• 출몰 시기	• 기록 문헌
괴물	소함산	미상	《산해경》 및 민담

• 특징
인간을 잡아먹는 흉포한 괴물로, 괴물이기 전에는 천신이었다.

◉ 구전 및 문헌 내용

• 《산해경》에 나오는 식인 괴물 알유에 대한 이야기는 다음과
같다.

소함산에 짐승이 있는데 마치 소를 닮았으며 몸은 붉고 얼굴은
사람과 같다. 이 짐승의 이름은 알유인데 마치 어린아이처럼 운
다. 알유는 사람을 먹는다.

• 《산해경》에는 짧지만 또 다른 알유의 모습도 기록돼 있다.
알유는 사람을 먹는데 용의 머리를 하고 있다.

야교산

夜行さん ^{やぎょうさん}

일본

도쿠시마현 민간 전설에 전해지는 귀물로 1년의 마지막 날, 입춘, 백귀야행일에 등장한다. 백귀야행일은 일본 요괴들이 행진하는 날로, 1, 2월은 자子일, 3, 4월은 축午일, 5, 6월은 사巳일, 7, 8월은 술戌일, 9, 10월은 미未일, 11, 12월은 진辰일이다. 과거에는 이날에 외출하지 않았다고 한다.

야교산은 수염이 덥수룩하고 눈은 하나인데 늘 목이 없는 말을 타고 지나간다. 야교산을 만났을 때 머리에 짚신을 올리면 화를 면할

• 분류	• 출몰 지역	• 출몰 시기	• 기록 문헌
귀물	도쿠시마현	백귀야행일, 1년의 마지막 날, 입춘	민간 전설

• 특징
눈이 하나에 수염이 덥수룩한 귀물로, 목 없는 말을 타고 나타난다.

수 있는데 그렇지 않으면 야교산에게 내던져져 죽임을 당한다. 목 없는 말만 따로 목격되는 경우도 종종 있다.

◉ 구전 및 문헌 내용

• 야교산에 대한 전설은 지역마다 조금씩 다르다. 대부분은 목 없는 말을 타고 나타나 만나는 사람을 죽이는데, 귀여운 전설도 있다. 미요시시三好市의 전설에 의하면 밤에 식사하면서 반찬에 대한 이야기를 하면 창문으로 털투성이 손이 들어와 반찬을 달라고 한다. 이것이 야교산의 손이다.

야마오토코, 야마온나

山男 やまおとこ, 山女 やまおんな

일본

산에서 목격되는 남성와 여성 요괴. 야마오토코는 털이 무성하고, 갑자기 산에서 나타나 무거운 짐을 들어주거나 힘든 일을 돕는다. 키는 6척(1.8m)부터 2장(6m)까지 다양하다. 술이나 음식을 얻어먹는 등 사람과 친밀해 보이지만 가끔 인간에게 해를 끼치기도 한다.

야마온나는 야마오토코와 달리 아름다운 외모로, 머리카락이 길며 살갗이 희다. 야마온나는 미친 듯이 웃는데, 인간의 피를 빨거나 갑자기 공격하는 등 해를 끼쳐서 만나면 즉사하는 경우도 있다.

야마오토코와 야마온나는 이름의 유사성으로 비슷한 성격일 것 같지만, 동류는 아니다. 주로 산을 오가는 행인들에게 목격되거나 지역 전설에 자주 나타난다.

• 분류	• 출몰 지역	• 출몰 시기	• 기록 문헌
괴물	산악 지대	상시 출몰	《회본백물어》, 민간 전설

• 특징
산에서 목격되는 이상한 남녀 괴물.

◉ 구전 및 문헌 내용

• 《회본백물어》에는 야마오토코에 대한 이야기가 실려 있다. 엔슈 아키바(遠州秋葉, 현 시즈오카 하마마츠시)에 나타났으며, 무거운 짐을 지고 가면 도와주는데 임금을 주려 해도 받지 않고 술을 주면 기꺼이 마신다고. 말은 통하지 않는데 손짓 발짓으로 설명하면 금세 이해한다고 한다.

• 이와테현 오슈奧州에는 다음과 같은 야마온나에 대한 전설이 있다.

한 남자가 어느 날 아침, 산에서 일하고 있는데 건너편 산 쪽에서 무언가가 지나가는 것을 보았다. 혹시 부모가 아닌가 하여 잠시 서서 지켜봤는데 건너편 존재도 멈춰 서서 마주보는 것이었다. 문득 햇빛이 비춰 자세히 보았더니 옷을 입지 않은 살결이 흰 아름다운 여자였다. 인간이라고 생각지 않은 것은 가슴 아래 소나무가 있었기 때문이다. 그만큼 크기가 크다는 것을 깨닫고 부리나케 산에서 내려왔다.

야마와로

山童 やまわろ

일본

'갓파'는 가을이 되면 겨울을 나기 위해 야마와로로 변한다. 야마와로는 서너 살 어린아이 크기로 온몸에 붉은 털이 약하게 나 있다. 사람처럼 서 있는데 몸의 비율이 인간과는 조금 다르다. 또 눈이 하나라는 민간 전설이 있어 가까이서 보면 기괴할 수 있다.

야마와로는 산속에서 나무꾼의 일을 도와주고 대가로 작은 음식물을 받는다. 다만 일을 지시할 때는 정확하게 지시해야 하며, 절대 일이 끝나기 전에 보수를 주면 안 된다.

• 분류	• 출몰 지역	• 출몰 시기	• 기록 문헌
정령	서일본 근방	상시 출몰	《화도백귀야행》, 《화한삼재도회》
• 특징 갓파가 산에 올라가 변한 요괴로, 산에서 사람의 일을 돕는다.			

야마와로는 귀물이라기보다 갓파와 같은 정령에 가깝고 사람에게 해를 끼치지 않는다. 주로 서일본에서 많이 목격된다.

◉ 구전 및 문헌 내용

• 《화한삼재도회》에 기록된 야마와로의 모습은 다음과 같다.

열 살 정도의 어린아이 같고 온몸에 미세한 감색 털이 나 있다. 얼굴을 가릴 만큼 장발인데, 정강이는 짧고 다리가 길며 두 발로 걷는다. 움직임이 빠르고 사람의 말을 한다. 밥을 주면 기꺼이 일을 돕고, 힘이 매우 세다.

• 《화도백귀야행》에 야마와로의 그림이 수록돼 있다. 갓파처럼 머리 위가 비었고 온몸에 털이 났으며 눈이 하나다. 또 나뭇잎으로 만든 치마를 두르고 있다.

야마치치

山地乳 やまちち

일본

나이 먹은 박쥐는 날다람쥐와 비슷한 요괴 '노부스마野衾のぶすま'가 되고, 더 나이 먹으면 야마치치가 된다. 야마치치는 여행자가 깊은 산속 산장에 자리 잡고 잠을 청하면 이를 먼발치에서 지켜보다가 밤이 되면 찾아온다. 그러다가 여행자가 자는 것을 확인한 후 숨을 들이마시는데, 숨을 빼앗긴 자는 죽는다. 하지만 누군가 야마치치가 숨을 빨아들이는 것을 보면 반대로 숨을 빼앗긴 자는 장수한다.

야마치치는 마치 원숭이처럼 생겼는데 입이 뾰족하게 튀어나왔고 온몸이 털로 덮여 있다. '야마와로'의 변형이 아니냐는 설도 있지만 확실치는 않다.

• 분류	• 출몰 지역	• 출몰 시기	• 기록 문헌
괴물	깊은 산의 산장	상시 출몰	《회본백물어》

• 특징
깊은 산 산장에 나타나는 원숭이형 괴물로, 사람의 숨을 빨아먹는다.

◉ 구전 및 문헌 내용

• 《회본백물어》에는 야마치치 삽화와 함께 간략한 설명이 기록 돼 있다. 이 설명에 의하면 야마치치는 사람이 잘 때 와서 숨을 들이마시는데 숨을 빼앗긴 자는 죽으며 이를 보는 자가 있으면 오히려 장수한다는 것이다. 야마치치에 대한 다른 전설은 거의 없기 때문에 《회본백물어》의 모습으로 많이 알려졌다.

야조

冶鳥

중국

월越 지방에 사는 괴조로, 크기는 비둘기만 한데 푸른색 깃털을 가지고 있다. 인간의 말을 하거나 깔깔깔 웃는다. 야조의 말에는 힘이 있는데, 나무꾼에게 어떤 나무를 베야 할지 알려주면 나무꾼은 그 나무를 베러 간다. 특히 야조가 깔깔깔 웃을 때에는 나무를 하면 안 된다. 그렇지 않으면 근처에 있는 호랑이를 불러 인간을 잡아먹거나 공격한다. 호랑이를 부리거나 나무꾼의 도끼질을 조종하는 것으로 봐서 일종의 최면을 부리지 않을까 추정한다.

　야조의 둥지는 나무에서 찾기 쉽지 않은데, 둥지 입구가 매우 작기 때문이다. 다만 둥지 주변을 백토와 적토로 번갈아 발라 표시해서 마치 과녁 같은 느낌이 난다. 사람으로 변해 물가에서 어류나 게 등을 잡아 불에 구워 먹기도 한다.

• 분류	• 출몰 지역	• 출몰 시기	• 기록 문헌
괴물	월 지방 산야	미상	《박물지》, 《수신기》

• 특징
최면을 부리는 것으로 추정되는 괴조. 나무꾼에게 벨 나무를 지시하고, 호랑이를 부린다.

◉ 구전 및 문헌 내용

• 《박물지》,《수신기》에 나오는 야조에 대한 내용은 다음과 같다. 월 지방 산야에 푸른 깃을 가진 새, 야조가 있다. 크기는 비둘기만 하다. 야조의 둥지는 대여섯 되 정도인데 입구는 몇 치 정도로 매우 작다. 백색 토양을 주변에 바르는데 흰색과 적색을 번갈아 가며 발라 마치 과녁 같은 느낌이 든다. 나무꾼들은 이런 야조의 둥지를 보면 피해가곤 했다. 날이 어두워 나무꾼이 차마 이 둥지를 못 본다면 야조가 "올라가거라"라고 이야기한다. 그러면 나무꾼은 나무를 피해 더 올라가서 나무를 해야 했다. 또 야조가 "내려가거라"라고 이야기하면 나무꾼은 나무를 피해 더 내려가서 나무를 해야 했다. 만약 야조가 나무꾼이 근처에 왔는데도 아무 말 없이 깔깔깔 웃는다면 나무꾼은 당장 나무하는 것을 멈춰야 한다. 야조는 자신의 서식지가 지저분해지는 것이 싫어 범에게 근처를 지키게 하기 때문이다. 나무하는 것을 멈추지 않는 나무꾼이 있다면 그 범에게 해를 입고는 했다. 떠들기를 좋아하는 야조는 삼 척 신장의 사람으로 변해 물가로 가곤 했다. 그곳에서 게를 잡아 구워 먹었는데 사람들은 이를 보고 근처에 가지도 못했다.

야크샤

Yaksha

아시아 전반

한국, 중국, 일본의 기록에도 등장하는 귀물로, 귀물이지만 신에 가깝다. '야차'라고도 불린다. 북방 산악 지대에 있는 '크베라'의 부하로 사람을 잡아먹는 포악한 악귀였다가, 불교에 귀의한 후 불법을 수호하는 존재로 바뀐다. 공양하지 않는 이에게 전염병을 옮기기도 한다.

생김새는 딱히 정해져 있지 않으며 문헌이나 전설에 따라 배가 튀어나온 사람, 장수, 귀신, 짐승, 험상궂은 남자 등 다양한 모습으로 묘사된다.

야크샤는 초자연적인 힘을 내는 것으로도 알려져 있다. 우리나라

• 분류	• 출몰 지역	• 출몰 시기	• 기록 문헌
귀물	전국 각지	상시 출몰	《베다》,《비밀교리》, 인도 신화

• 특징
사람을 잡아먹는 포악한 악귀. 후에는 불교에 귀의하여 불법을 수호한다.

의 '도깨비'나 '두억시니', 중국의 '이매망량', 일본의 '오니'와 헷갈려하지만 모두 다른 종류의 귀물이다.

◉ 구전 및 문헌 내용

- 헬레나 블라바츠키Helena Blavatsky의 저서 《비밀교의》에는 야크샤와 락샤사를 비교한 기록이 있다. 둘은 확연하게 다른 존재이며 브라흐마가 악한 존재들을 창조했을 때 이를 먹으려는 것이 야크샤, 이를 막으려는 것은 락샤사라고 한다.

- 야크샤는 추후 불교에 귀의하며 불법을 수호하는 팔부신중의 하나가 된다.

엔엔라

煙々羅 えんえんら

일본

민가에서 피운 모깃불이 만든 요괴로, '엔라엔라(煙羅煙羅·閻羅閻羅)'라
고도 불린다. 연기처럼 하늘하늘 거리며 얇은 천처럼 바람에 움직이
는데 그 모습이 괴이하다. 연기의 정령으로 보이며 불이 꺼지면 연기
가 사라지는 동시에 소멸되는 것으로 추정된다.

가끔 부뚜막이나 굴뚝에서 사람 얼굴이나 괴이한 형태가 나오는
데 이는 엔엔라의 정령이다. 엔엔라가 나타나는 이유는 알 수 없으나
전설에 따르면 무언가 전할 메시지가 있을 때 나타나는 것으로 추정

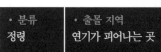

• 분류	• 출몰 지역	• 출몰 시기	• 기록 문헌
정령	연기가 피어나는 곳	상시 출몰	《화도백귀야행》

• 특징
연기에서 만들어지는 요괴로, 하늘거리는 것이 마치 천 같다.

된다. 또 '염라閻羅'라는 한자가 이름에 있기에 저승과 관련됐다는 설도 있다. 어쨌든 엔엔라는 연기 속에서 자주 볼 수 있다.

◉ 구전 및 문헌 내용

• 《화도백귀야행》에 기록된 엔엔라에 대한 내용은 다음과 같다.

  민가에서 피운 모깃불 연기는 이상한 형태로 피어나는 경우가 있다. 이 모습은 마치 천과 같이 바람에 하늘거리는데 이를 엔엔라라 한다.

여서

驢鼠

중국

궁정호 여산신의 사자로, 주로 여산신의 일을 맡아 하며 잔심부름을 하기도 한다. 만약 여서를 목격했다면 잔심부름 중에 허술하게 움직인 탓이다. 여서는 단단하게 생겼고 몸집이 물소처럼 크고 잿빛을 띤다고 알려져 있다. 다리는 짧고 두꺼워 마치 코끼리 다리와 같다. 또 기슴과 꼬리 부분은 흰색이다.

　움직임은 느린 편이나 힘이 세고 체력이나 맷집이 좋은 편. 인간의 무기로 한 자 넘게 찔러 넣어도 죽지 않는다. 난폭하거나 인간에게 해를 끼치는 괴물은 아니니 나타나도 겁먹을 필요는 없다.

• 분류 괴물	• 출몰 지역 선성군	• 출몰 시기 진나라 때	• 기록 문헌 《수신기》
• 특징 움직임이 느린 괴물로, 힘이 매우 세나 인간에게 해를 끼치지 않는다.			

◉ 구전 및 문헌 내용

• 《수신기》에 나오는 여서에 대한 내용은 다음과 같다.

선성군에는 괴물이 하나 있는데 몸이 물소와 같고 잿빛을 띠었다. 다리가 짧아 코끼리 다리와 같았는데 가슴과 꼬리의 털은 흰색이었다. 이 괴물은 매우 느렸으나 힘이 뛰어났는데 하루는 마을로 내려와 사람들이 매우 놀랐다. 괴물의 이름은 여서다. (…) 사람들이 괴물을 창으로 찌르자 창이 괴물의 몸에 한 자가 넘게 들어갔다. 마을 관리가 괴물을 죽이는 것을 청하자 무당이 이를 반대했다. 무당이 말하길 "사당신이 허락지 않는다. 이 괴물은 궁정호 여산신의 사자로, 형산荊山으로 심부름을 가는 길이다. 잠시 마을을 지나는 것이니 해치지 말라"라고 했다. 이에 괴물을 풀어주었고 다시는 목격되지 않았다.

역

蜮

중국

물에 사는 괴물로, '단호短狐', '계독溪毒'이라고도 불린다. 우리나라 물에 사는 귀물이나 괴물은 주로 사람들을 잡고 물속으로 끌어들이는 데 반해, 역은 독을 품은 모래를 인간에게 뿜어낸다. 이 모래에 맞으면 심한 두통과 발열, 경련이 일어나는데 빨리 치료하지 않으면 사망에 이른다. 모래를 뿜어내는 괴물이기에 몸속과 내장은 모두 자갈이나 모래, 돌로 가득 차 있다.

이 물괴가 생기는 이유는 바로 사람의 정분 때문이다. 남녀가 강이나 호수에서 목욕하고 사랑을 나누면 그 기운이 응집되어 생겨나는 것. 보이지 않기 때문에 퇴치하거나 잡기 어려워 반드시 법술이나 도술로 잡아야 한다.

• 분류	• 출물 지역	• 출물 시기	• 기록 문헌
괴물	장강	한영제 때	《수신기》, 《시경》

• 특징
독이 있는 모래를 뿜는 괴물로, 물에 살며 눈에 보이지 않는다.

◉ 구전 및 문헌 내용

• 《수신기》에 나오는 역의 내용은 다음과 같다.

한영제 때 장강에 역이라 불리는 물속에 사는 괴물이 있었다. 역은 모래를 머금은 후 사람에게 뿌렸는데 이에 맞으면 경련, 발열, 두통이 발생했으며 사망에 이르기도 했다. 어느 날 강가에 살던 이가 법술로 역을 잡았는데 몸 안에는 모래와 자갈이 가득 차 있었다. (…) 이 괴물은 계독이라고도 불리는데 남녀가 강이나 호수에서 함께 목욕을 하면 그 기운이 모여 생겨난다. 혹은 목욕하는 여자에게서 생겨나기도 한다.

• 《시경》에서 역은 사람의 눈으로 볼 수 없다는 구절이 매우 짧게 나온다.

연유

延維

중국

뱀의 몸에 사람의 머리를 하고 있는 신으로, '위사委蛇'라고도 한다. '고'라는 신은 괴물로 변하기 전인 신의 모습일 때 머리는 사람, 몸은 용의 모습을 하여 많이 비교된다.

연유는 머리가 좌우 하나씩 있으며, 몸의 길이가 수레의 손잡이만 큼 길다. 늘 자색 옷을 입는데 털로 된 관을 쓰고 있다. 혹은 수레의 바퀴통처럼 생겼다고도 한다. 이를 보면 양쪽 생김새 중 선택할 수 있

• 분류	• 출몰 지역	• 출몰 시기	• 기록 문헌
신	미상	미상	《산해경》

• 특징
인간의 머리가 두 개 달려 있고 몸은 뱀인 신으로, 제사용으로도 쓰인다.

는 것 아닌가 싶다. 연유를 잡아 제사에 올리는 내용이 기록돼 있으며, 연유를 먹으면 천하를 제패한다는 기록도 있다.

◉ 구전 및 문헌 내용

• 《산해경》에 나오는 연유에 대한 기록은 다음과 같다.

신이 있으매 사람의 머리와 뱀의 몸을 하고 있다. 길이는 수레바퀴 둘레만큼 길며 머리는 좌우로 하나씩 나 있다. 자색 옷과 털로 된 관을 쓰고 있다. 이 신의 이름은 연유다. 만약 임금이 연유를 잡아 제사에 올리고 그를 희생시켜 먹는다면 천하를 제패할 수 있다.

예장수

豫章樹

중국

동쪽 지방에 있는 이상한 괴목으로, 크기가 어마어마하다. 높이가 1천 장(약 30km), 둘레만 해도 100척(약 30m), 나무줄기의 길이는 300장 (약 9km)이다. 가지는 사방을 향해 우산처럼 뻗어 있는데, 그 가지 위에 검은 호랑이와 검은 원숭이가 서식한다.

　예장수는 아홉 주마다 하나씩 있어 그 지역을 보살피는 일종의 신목이다. 도끼로 나무를 찍어 찍힌 부분이 되살아나면 경사가 있고, 찍힌 자국이 그대로 있으면 그 지역 관리자가 병이 나고, 찍힌 자국이 오랫동안 살아나지 않으면 나쁜 일이 계속 들어 지역이 결국 망한다.

• 분류	• 출몰 지역	• 출몰 시기	• 기록 문헌
괴물	동쪽 지방의 각 주	미상	《신이경》

• 특징
각 주마다 한 그루씩 있는 나무로, 마을을 보살피며 길흉을 점칠 수 있다.

◉ 구전 및 문헌 내용

• 《신이경》에는 신목 예장수에 대한 이야기가 다음과 같이 기록 돼 있다.

동쪽 지방의 아홉 주에는 예장이라는 나무가 있다. 이 나무의 높이는 1천 장이고 나무의 둘레는 100척이며 300장 위에서부터 나뭇잎과 가지가 난다. 가지는 장막처럼 사방으로 펼쳐져 있으며 그 위에는 검은 호랑이와 검은 원숭이가 산다. 나무 한 그루는 하나의 지역을 보살핀다. 이 나무는 줄지어 서남쪽을 바라보며 남과 북으로 서 있다. 아홉 명의 장사들이 나무를 도끼로 찍어 길흉을 점치는데 찍힌 부분이 되살아나면 경사가 일어나고, 그렇지 않으면 그 지역의 관리자는 병이 나며, 찍힌 부분이 계속 그대로 있으면 그 지역은 망한다.

오니

鬼 おに

일본

일본 전통 귀물로, 중국의 '기', 한국의 '도깨비', 불교의 '야차'와 비슷한 존재다. 대체로 붉은 피부에, 머리에는 뿔이 돋아 있으며, 얼룩덜룩한 동물의 가죽을 하반신에 착용하고 있다. 게다가 돌기가 있는 철방망이를 들고 있어 위압감이 있다.

오래전 한국의 도깨비가 일본의 오니와 결합된 모습이 그려진 도깨비 동화책이 유통되기도 했으나, 문헌을 살피면 한국 도깨비와는 확연히 다르다. 오니는 악귀 개념이 강해서 사람을 해치고 잡아먹고 괴롭힌다. 특히 거대한 머리가 나타나 인간을 한입에 잡아먹기도 한다.

일본에서는 지역마다 오니를 퇴치하는 축제를 열기도 한다.

• 분류	• 출몰 지역	• 출몰 시기	• 기록 문헌
귀물	일본 전역	상시 출몰	민간 전설

• 특징
일본의 귀물로, 뿔이 나 있고 피부가 붉으며 철 방망이를 들고 있다.

◉ 구전 및 문헌 내용

• 일본의 전래 동화에서 오니는 악독하지만 어리숙해 늘 사람들에게 당하는 역할이다. 전래 동화《사람을 먹지 않게 된 오니》에서는 오니에게 먹힌 사람이 위장에 있는 줄을 당기니 오니가 기침과 재채기를 하여 빠져나왔다는 이야기가 있다.《도토리를 깨문 노인》에서는 오니가 금과 은을 만들며 놀 때 도토리를 깨물어 오니가 도망갔다는 이야기가 있다.

•《화도백귀야행》에 등장하는 오니는 위의 어리숙한 귀물과는 사뭇 다르다. 거대한 입으로 사람을 잡아먹는 그림과 함께 설명돼 있는데 내용은 다음과 같다.

한 남자가 한 여자를 사랑했지만 신분 차이 때문에 이루어질 수 없었다. 남자는 결국 여자와 함께 달아났고 비가 세차게 내리자 여자를 창고에 두고 창고 앞을 지켰다. 다음 날 창고를 열었는데 여자는 온데간데없었다. 오니가 한입에 잡아먹은 것이다. 책에서는 이 일화를 '아리와라노 나리히라在原業平 후지와라 다카코藤原高子'의 이야기라고 설명하고 있다.

오무카데

大百足 おおむかで

일본

거대한 지네로, 산의 한쪽에 구멍을 뚫고 사람들을 납치해서 먹어치운다. 이 구멍에는 오무카데뿐 아니라 작은 지네들도 함께 있는데 이들 모두 사람을 먹이로 삼는다.

오무카데는 괴상할 뿐 아니라 독이 있어 신중하게 퇴치해야 한다. 먼저 굴 앞에 불을 피우고 불과 연기로 상처 입힌 후에 공격하는 것이 좋다. 생각보다 힘이 세고 재빨라 일반인은 상대하기 어려우니 꼭 무사나 검술 할 수 있는 이를 데려가야 한다.

오무카데의 크기는 전설에 따라 다른데, 수 미터에서 수십 미터라고 한다.

• 분류	• 출몰 지역	• 출몰 시기	• 기록 문헌
괴물	기후현	미상	민간 전설

• 특징
거대한 지네로, 산에 굴을 파고 인간을 납치해 잡아먹는다.

◉ 구전 및 문헌 내용

• 오무카데에 대한 민간 전설이 많은데, 대표적인 것으로는 다음
의 내용이 있다.

기후현의 한 마을에서 사람이 사라지는 일이 있었다. 마을 사람
들은 이를 수상히 여겨 무사와 함께 산을 수색했다. 산에는 굴
이 하나 있었고 무사는 굴 앞에 솔잎으로 불을 피워 반응을 보
기로 했다. 곧 있으니 검은색의 무언가가 나오기 시작했고 무사
는 검으로 이것들을 베기 시작했다. 이름 모를 검은 물체는 모
두 도망갔고 마지막에 거대한 지네가 나왔다. 지네는 이미 연기
와 불에 의해 많은 상처를 입은 상태였고 무사는 칼을 휘둘러
지네를 물리쳤다.

오보로구루마

朧車 おぼろぐるま

일본

일본 요괴 중에 간혹 사물과 귀물의 머리가 결합한 종이 있다. 바퀴와 머리가 결합된 '와뉴도'와 오보로구루마가 그렇다. 특히 오보로구루마는 수레와 귀물이 결합했는데, 수레 앞부분에 발이 쳐져야 할 곳에 인간을 닮은 거대한 머리가 덩그러니 있다. 주로 밤에 나타나며 달그락거리는 소리와 함께 등장한다. 소리가 궁금해 문을 열면 괴상한 수레를 목격하게 되는데, 딱히 해를 입히지는 않는다.

오보로구루마는 수레싸움에서 진 사람의 원한이 귀물로 변한 것이라는 이야기가 있으나, 확실치 않다.

• 분류	• 출몰 지역	• 출몰 시기	• 기록 문헌
귀물+사물	밤거리	상시 출몰	《화도백귀야행》

• 특징
수레에 인간을 닮은 큰 머리가 달렸고, 밤마다 대로를 달린다.

◉ 구전 및 문헌 내용

• 《화도백귀야행》에 기록된 오보로구루마에 대한 이야기는 다음
과 같다.

　　과거 한밤중 가모賀茂 대로에 수레가 오가는 소리가 들려 이를
살펴보니 보인 것은 수레싸움의 원한이구나.

오유

五酉

중국

다섯 가지 방위에서 생겨나는 괴물. 주로 오래된 사물이나 동물 즉, 거북이, 자라, 뱀, 풀과 나무, 물고기 등이 변화하여 생겨난다.

　퇴치하기 위해서는 강한 타격을 주어야 한다. 한 예로 오래된 메기가 오유가 돼 나타난 일이 있었다. 그는 검은 옷과 높은 관을 쓰고 있었는데 약점을 잡아 패대기쳤더니 9척(약 220cm) 크기의 메기로 변했다. 이 메기의 맛을 보니 매우 맛있었다고.

　사물이 오유가 됐다면 오유가 사물로 돌아가 있을 때 그것을 없애거나 파기하면 된다. 하지만 오유는 사람을 해치지 않으며 사람 앞에 잘 나타나지도 않는다.

• 분류	• 출몰 지역	• 출몰 시기	• 기록 문헌
괴물	오행의 방위	진나라 때	《수신기》

• 특징
다섯 가지 방위에서 생겨나는 요괴로, 오래된 동물이나 사물이 변한 것이다.

◉ 구전 및 문헌 내용

• 《수신기》에 나오는 오유에 대한 기록은 다음과 같다.

공자孔子가 진나라에서 가난하게 살고 있을 때 여관에서 노래를 부르며 여유를 즐기곤 했다. 이때 검은 옷을 입고 높은 관을 쓴 이가 나타났다. 키는 구 척 정도였는데 '자로子路'와 싸움이 붙었으나 자로가 이겨낼 수가 없었다. 이에 공자가 갑옷과 뺨 사이의 공간을 잡아 넘어뜨릴 것을 말했고 자로가 그렇게 하니 사내가 내팽개쳐져 구 척 메기로 변했다. (…) 나중에 그 메기를 삶아 먹었는데 맛이 좋았다. 또 병든 이들도 이 메기를 먹고 병세가 호전되었다. 공자가 말했다. "육축六畜과 거북이, 자라, 뱀, 풀과 나무, 물고기 등은 오래되면 신이 붙어 괴물로 변한다. 이를 오유라 한다. 오유는 오행의 방위에서 생겨난 것이다."

오쿠비

大首 おおくび

일본

주로 비오는 밤에 나타나는데, 이름 그대로 커다란 머리만 있는 여성 요괴다. 특히 히죽 웃으면 검은 치아가 보이는데 굉장히 위압감을 준다. 일본의 다른 요괴인 '아오뇨보'도 검은 이빨을 가진 것으로 알려져 있다.

　머리가 길고 나타날 때 번개를 동반하는 경우기 있다. 입김에 맞으면 몸이 누렇게 변하고 병에 걸리며, 머리카락에 닿으면 정신이 혼란스러워진다. 기록에 의하면 얼굴이 끈적끈적하다고도 한다. 오쿠비를 만나면 호기심에 건드리지 말고 입김을 불기 전에 빨리 도망치는 것이 상책이다.

• 분류	• 출몰 지역	• 출몰 시기	• 기록 문헌
귀물	이시카와현, 가나자와시 야마구치현	상시 출몰	《삼주기담》, 《암읍괴담록》, 《화도백귀야행》

• 특징
머리만 있는 여성 요괴. 치아가 검고 머리가 길며, 입김에 맞으면 병에 걸린다.

◉ 구전 및 문헌 내용

• 《화도백귀야행》에 커다란 것은 무섭기 마련인데, 오쿠비도 그러하다고 기록돼 있다. 오쿠비는 주로 비 오는 밤거리에 나타나며, 거대한 여자 얼굴을 하고 있다고 한다.

• 야마구치현山口縣 괴담을 기록한 《암읍괴담록》에도 오쿠비에 대한 이야기가 적혀 있다. 어성산御城山이라는 곳에서 크기 1장의 여자 머리가 생글생글 웃고 있었다는 것이다.

• 《삼주기담》에는 이시카와현石川縣 가나자와시에서 목격된 오쿠비의 이야기가 기록돼 있다. 비가 내리는 밤에 6~7척(약 1.8~2.1m) 크기의 오쿠비가 나타났다는 것. 행인이 입김을 맞자 몸이 누렇게 변하고 병에 걸렸는데 의사에게 탕약을 처방받아 치료했다.

옥궤

玉饋

중국

서쪽 지역의 샘으로, 크기는 1장이며 깊이는 3장(약 9m)이다. 즉, 목만 축일 정도로 아주 작다. 옥궤에는 물 대신 술이 차 있는데 이를 '옥궤주玉饋酒'라 하고, 옥궤주는 빛깔이 맑고 맛있다. 옥궤에는 옥으로 만든 잔이 마련돼 있는데 이는 마치 약수터 바가지처럼 옥궤주를 따라 먹기 위한 것이다. 옥궤주를 뜨면 다시 술이 바로 차오르니 마를 일이 없고, 마시면 죽지 않는 몸이 된다. 옥궤 주변에는 육포가 풀처럼 나 있는데, 이를 '추복追復'이라고 한다. 이 육포 또한 뜯어내도 바로 다시 난다. 맛은 노루 고기와 같고, 옥궤주와 함께 먹을 때 빛을 발하는 찰떡궁합 안주다.

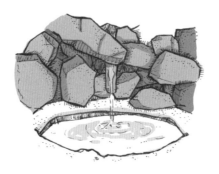

• 분류	• 출몰 지역	• 출몰 시기	• 기록 문헌
사물	서쪽 지역	미상	《신이경》

• 특징
물 대신 술이 차 있는 이상한 샘으로, 근처에 풀 대신 육포가 난다.

◉ 구전 및 문헌 내용

• 《신이경》에는 술이 차 있는 샘인 옥궤가 기록돼 있다.

서쪽 지방에 옥궤가 있는데 샘에는 늘 술이 가득 차 흐른다. 샘의 크기는 1장, 깊이는 3장이며 나오는 술은 고기처럼 맛이 있다. 또 빛깔은 거울처럼 맑은데 샘 위에는 옥으로 만든 잔이 있다. 이 잔으로 술을 한 잔 뜨면 샘의 술은 다시 채워진다. (…) 옥궤에서 나는 술을 마시면 죽지 않는다. 샘 주변에는 육포가 있는데 맛이 노루 고기와 같다. 하나를 떼어서 먹으면 다시 생겨난다. 이 육포를 추복이라고 한다.

온모라키

陰摩羅鬼 おんもらき

일본

사람이 죽으면 기운이 변하는데 그 기운이 귀조가 되곤 한다. 그 귀조를 온모라키라고 한다. 온모라키는 새의 모습으로, 검은색을 띠고 눈빛에서 밝은 광채를 낸다. 주로 게으른 이들을 혼내기 위해 비명과 같은 날카로운 소리를 내며 나타나는데, 절에 자주 나타난다. 날 때는 날개를 부들부들 떠는 것으로도 알려져 있고, 불을 뿜는다는 전설도 있다.

온모라키는 실체가 있는 새라기보다 혼이 새의 형태로 만들어져 나오는 것으로 추정된다. 이름에 있는 한자어인 '마라摩羅'는 불교에 등장하는 귀물 중 하나로, 수행을 방해하는 존재다.

• 분류	• 출몰 지역	• 출몰 시기	• 기록 문헌
귀물	사람이 죽은 장소	상시 출몰	《화도백귀야행》

• 특징
게으른 이를 보면 나타나는데, 검은 피부에 비명 같은 소리를 낸다.

◉ 구전 및 문헌 내용

• 《화도백귀야행》에는 《대장경》과 중국 고서인 《청존록》에 쓰인
온모라키의 모습이 기록돼 있다.

《장경》에 기록된 것을 보면 갓 죽은 시체의 기운이 변하여 온모
라키가 된다. 《청존록》은 그 생김새를 색이 검고 눈이 빛나며 날
개를 떨며 비명처럼 운다고 기록하고 있다.

와뉴도

輪入道 わにゅうどう

일본

바퀴에 사람의 머리가 달린 요괴. 머리의 생김새는 마치 스님처럼 민머리에 험상궂은 얼굴을 하고 있다. 비슷한 귀물인 '가타와구루마'와 많이 비교되고 기록이 섞이기도 하는데, 둘은 전혀 다른 귀물이다. 가타와구루마는 여성, 와뉴도가 남성이라는 점도 큰 차이점이다.

와뉴도는 커졌다 작아졌다 하면서 보는 이들의 혼을 빼앗는다. 와뉴도가 오는 것을 막으려면 문밖에 "이곳은 승모의 마을이다"라고 써서 붙여두면 된다. 이 문구는 '里名勝母曾子不入(어머니를 이긴다는 뜻을 지닌 마을 이름 때문에 효자인 증자는 승모라는 마을에 들어가지 않는다)'라는 말에서 나온 것이다.

• 분류	• 출몰 지역	• 출몰 시기	• 기록 문헌
귀물+사물	늦은 밤거리	상시 출몰	《화도백귀야행》

• 특징
바퀴통에 스님의 머리가 달린 귀물로, 쳐다보면 혼을 빼앗아간다.

◉ 구전 및 문헌 내용

• 《화도백귀야행》에는 바퀴에 스님의 머리가 달린 귀물인 와뉴도
가 등장한다.

차의 바퀴통에 커다란 스님의 머리가 달려 있으며 (…) 이것을
보는 이는 혼을 빼앗긴다. "이곳은 승모의 마을이다"라는 문구
를 써 집 밖 출입문에 붙이면 절대 가까이 오지 않는다.

요나키시

夜啼石 よなきいし

일본

'밤에 우는 돌'이라는 뜻의 요나키시는, 원한이 있거나 사고로 죽은 이의 혼이 돌에 붙어 밤마다 우는 소리를 내는 귀물이다. 울음소리는 매우 기괴하고 슬프다고 한다.

대표적인 요나키시는 시즈오카현靜岡県 엔슈 지방의 것으로, 엔슈의 일곱 가지 불가사의 중 하나다. 실제 시즈오카의 요나키시를 보면 크기가 상당한데, 어른 둘이 손을 잡고 끌어안을 정도의 크기다. 시즈오카 외에도 나가노, 교토, 오사카, 효고현 등에 있으며 사연도 저마다 다르다. 요나키시는 단순히 울음소리만 내는 것이 아니라 목소리를 내거나 사람을 부르는 등 다양한 전설이 존재한다.

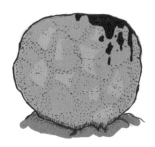

• 분류	• 출몰 지역	• 출몰 시기	• 기록 문헌
사물	시즈오카현 엔슈, 나가노, 교토, 오사카 등	미상	민간 전설

• 특징
원한에 서려 죽은 이의 혼이 붙어 매일 밤 우는 돌.

◉ 구전 및 문헌 내용

• 시즈오카 엔슈에서 전해지는 요나키시 전설은 다음과 같다.

옛날 사요노나카산에서 한 임산부의 진통이 갑자기 시작되었다. 지나가던 나그네가 이를 보고 다가갔다가 그녀에게 돈이 있음을 알고 오히려 살해하고 도망갔다. 아이는 무사히 태어나 큐엔지久延寺의 스님이 키웠는데 이후 어머니의 피가 묻은 바위에서는 밤마다 울음소리가 들렸다. 아이는 성장해 칼을 만드는 장인이 되었고 칼을 맡기러 온 어머니의 원수를 만나게 되었다. 그는 원수를 죽여 복수했다고 한다.

용

龍

중국

동양 전설에 나오는 괴물이자 신으로, 주로 하늘이나 바다에 거주한다. 용은 뿔이 있는 '규룡虬龍', 비늘이 있는 '교룡蛟龍', 뿔이 없는 '이룡螭龍', 날개가 있는 '응룡鷹龍', 서양의 드래곤처럼 독연을 뿜는 '독룡毒龍'으로 나뉜다. 용이 어떻게 태어나는지 정확히 알 수는 없지만 인간에게서도 데이난디는 기록이 있으니 다양한 방법으로 세상에 나타나는 듯하다.

용은 비늘 있는 존재들의 우두머리로, 일반적으로 아홉 마리의 짐승이 한데 모인 형태를 한다. 머리는 낙타, 뿔은 사슴, 눈은 토끼, 귀는 소, 목은 뱀, 배는 조개(혹은 이무기), 비늘은 잉어, 발톱은 매, 주먹

• 분류	• 출몰 지역	• 출몰 시기	• 기록 문헌
신+종족	전국 각지	상시 출몰	《산해경》,《이아익》, 《주역》

• 특징
신령한 능력을 지닌 신이면서 괴물인 존재. 뿔이 있으며 낙타, 사슴, 토끼, 소, 뱀, 조개 등의 신체 부위를 가진다. 용이 나타나면 천지가 요동친다.

은 호랑이를 닮았다고 한다.

용이 나타나면 구름이 따르고 천지가 요동치고 날씨를 움직이는 등 신령한 능력을 보인다.

◉ 구전 및 문헌 내용

• 《주역》에 다음과 같이 짧게 용의 성격이 기록돼 있다.

물은 습한 곳으로 흐르고 불은 건조한 곳으로 가며 구름은 용을 따르고 바람은 범을 따른다.

• 나원羅愿의 저서 《이아익》에는 용의 생김새가 꽤 상세히 기록돼 있다. 기록은 다음과 같다.

용은 인충(비늘 있는 존재들)의 우두머리로 아홉 짐승을 닮았다. 이를 용의 '구사설九似說'이라 한다. 머리는 낙타, 뿔은 사슴, 눈은 토끼, 귀는 소, 목은 뱀, 배는 큰 조개, 비늘은 잉어, 발톱은 매, 주먹은 호랑이를 닮았다.

• 《산해경》에서는 날개 달린 용인 응룡에 대한 기록이 있다. 내용은 다음과 같다.

흉리토구凶犁土丘 남쪽 끝에 응룡이 산다. 응룡은 치우蚩尤와
과보夸父를 죽이고 하늘로 다시 날아갈 힘이 없었다. 그렇기에
세상이 자주 가뭄에 들었나보다.

• 《수신기》에는 주열왕 때 시녀가, 진회제 영가 5년에 노비가 용
을 낳은 기록이 있다.

우두마두

牛頭馬頭

중국, 일본, 인도

불교에 등장하는 악한 귀물로, 중국과 일본의 전설에서도 자주 등장한다. 우두와 마두 둘이 함께 움직여 합쳐서 우두마두라 부른다. 일본에서는 '고즈메즈ごずめず'라고 일컫는다.

　우두는 소의 머리를 한 장사, 마두는 말의 머리를 한 장사인데 둘다 힘이 매우 세다. 생전에 소를 먹거나 괴롭혔다면 죽어서 우두가, 말을 먹거나 괴롭혔다면 죽어서 마두가 벌한다. 또 지옥의 문을 지키는 역할을 하며 통행을 관장하고, 살아생전 악한 이들을 고문하기도한다.

• 분류	• 출몰 지역	• 출몰 시기	• 기록 문헌
귀물	지옥문 앞	미상	인도의 민간 전설, 중국과 일본의 불교 전설

• 특징
머리가 소와 말인 귀물로, 힘이 매우 세며 지옥의 문지기 역할을 맡는다.

◉ 구전 및 문헌 내용

• 다양한 전설에 의하면 우두마두는 지옥에 등장하는 귀물 중 최하급 옥졸이다. 주로 허드렛일을 하거나 죄인을 추궁하고 찌르고 태우는 일을 한다고 알려졌다.

우두마두는 원래 인도의 민간 신앙에 등장하는 귀물이었는데, 불교가 전파되는 과정에서 이야기가 덧입혀진 것으로 알려져 있다. 특히 우두마두는 일본에서 큰 인기를 끌며 다양한 창작물에 등장한다.

우민국인

羽民國人

중국

우민국에 사는 종족. 우민국은 비익조인 '만만'이 사는 곳에서 동남쪽에 위치해 있으며, 구의산九疑山에서 약 4만 3천 리(약 16,880km) 떨어져 있다. 또 봉황새의 일종인 '난조'가 많이 서식하는 곳이기도 하다. 우민국에 서식하는 난조의 수는 꽤 많은데, 우민국인이 난조의 알을 먹고 생활할 수 있을 정도다.

　난조의 알 영향인지는 모르겠지만 우민국인은 마치 새처럼 몸에 털과 깃이 나 있다. 또 날개도 있는데 멀지 날지는 못한다. 그렇기에 날개는 장거리 비행이 아닌 단거리 비행용으로만 사용한다. 우민국인은 머리가 매우 길고 뺨이 축 늘어졌다고 한다.

• 분류	• 출몰 지역	• 출몰 시기	• 기록 문헌
종족	우민국	미상	《박물지》, 《산해경》

• 특징
날개가 있으며, 몸에 깃과 털이 있다.

◉ 구전 및 문헌 내용

• 《박물지》에 기록된 우민국인에 대한 내용은 다음과 같다.

우민국인은 몸에 날개가 있지만 멀리 날 수 없다. 우민국에는 봉황의 일종인 난조가 많이 서식하는데 그들은 난조의 알을 먹는다. 우민국은 구의산에서 4만 3천 리 떨어져 있다.

• 《산해경》에도 비슷하지만 조금 다른 우민국인에 대한 이야기가 있다.

우민국인은 머리가 길고 몸에 깃이 나 있다. 우민국은 비익조(만만)가 있는 동남쪽에 자리 잡고 있다. 우민국인들은 뺨이 길다고도 한다.

운외경

雲外鏡

중국, 일본

중국과 일본에 있는 요상한 거울. 중국에서는 '조마경照魔鏡', '조요경照妖鏡'으로도 불린다.

운외경은 요괴의 본래 모습을 보여주는 거울이다. 요기가 가득한 사람이나 기묘한 동물을 발견하면 운외경을 비춰보는 것이 좋은데, 만약 요괴라면 거울 안에 본래의 모습이 보인다. 운외경은 많은 창작물에 등장하는데, 주성치가 등장하는 영화 〈서유기-월광보합〉에서도 정체를 밝혀내는 거울로 등장한다.

운외경이 없으면 그 비슷한 것을 만들 수 있다. 전설에 의하면 음력 8월 보름, 달빛 아래서 수정 쟁반에 물을 담고 물 위에 요괴의 모습을 그리면 그 안에 요괴를 가둘 수 있다. 이는 요괴의 정체를 밝히는 용도라기보다 봉인하는 역할로 쓰인다.

• 분류	• 출물 지역	• 출물 시기	• 기록 문헌
사물	미상	미상	《화도백귀야행》, 《회본삼국요부전》, 중국 및 일본 전설

• 특징
요괴의 정체를 알아볼 수 있는 거울로, 요기가 가득하다.

◉ 구전 및 문헌 내용

• 《화도백귀야행》에는 조마경을 설명하면서 이를 운외경과 동일 시한다. 설명에 의하면 온갖 괴물을 비추면 그 원래 정체가 거 울에 비친다는 것이다.

• 에도 시대 설화집 《회본삼국요부전》에는 구미호의 정체가 조 마경에 의해 드러나는 장면이 등장한다. 여기 나오는 조마경이 운외경이며, 많은 이야기에서 구미호나 요괴의 정체를 밝히는 데 사용된다.

유리국인

柔利國人

중국

유리국(다른 한자를 사용하여 유리국留利國이라고도 한다)에 사는 종족으로, 유리국은 일목국一目國 동쪽에 위치해 있다.

유리국인은 팔과 다리가 하나인데, 관절이 일반 사람과 달리 생겼다. 무릎이 뒤쪽이 아닌 앞쪽으로 꺾이며 발목도 앞으로 접히는 것이 아닌 뒤로 꺾인다. 또 다리를 앞으로 돌돌 말아 접어 올릴 수 있다. 가장 기괴한 부분은 발바닥이 하늘을 바라보고 있다는 점이다. 이런 신체적 특성 외에 생활 습관이나 모습은 별다른 바 없어 보인다.

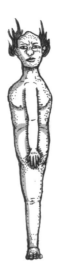

• 분류	• 출몰 지역	• 출몰 시기	• 기록 문헌
종족	유리국	미상	《박물지》, 《산해경》
• 특징			
팔과 다리가 하나이며, 다리가 기괴하게 접힌다.			

⊙ 구전 및 문헌 내용

• 《산해경》에 기록된 유리국인에 대한 내용은 다음과 같다.

유리국은 일목국 동쪽에 있다. 일목국 사람들은 팔이 하나, 다리가 하나인데 무릎이 앞쪽으로 구부러진다. 또 다리를 앞으로 접어 올릴 수 있다. 발을 뒤쪽으로 꺾을 수도 있다.

• 《박물지》에도 비슷한 내용의 유리국인 이야기가 기록돼 있다.

유리국 사람들은 팔이 하나고 다리도 하나인데 발이 반대로 꺾인다. 발바닥은 위를 향해 있다.

유키온나

雪女 ゆきおんな

일본

일본의 스타 요괴 중 하나로, 많은 만화와 영화의 소재로 자주 등장한다. 아름다운 미모에 눈처럼 하얀 순백색의 피부를 가졌는데, 너무 하얘서 투명하게 보일 정도다. 주로 설산이나 눈 내리는 밤에 나타기 때문에 다설 지역에서 목격되거나 전승되는 경우가 많다.

유키온나는 귀물보다 정령에 가까우며, 눈을 마음대로 조종할 수 있다. 차가운 입김으로 사람을 죽이거나 정기를 빨아먹는다. 유키온나의 아이는 '유킨코雪ん子ゆきんこ'라고 하는데, 간혹 사람들에게 유킨

• 분류	• 출몰 지역	• 출몰 시기	• 기록 문헌
정령	다설 지역	상시 출몰	민간 전설

• 특징
다설 지역에 나타나는 하얀 여성 정령으로, 눈을 마음대로 조정한다.

코를 맡기고 도망가기도 한다. 유키온나와 그의 아이는 모두 추위에 강하고 열에는 약하다.

◉ 구전 및 문헌 내용

- 일본에는 유키온나에 대한 많은 전설이 있다. 유키온나가 입김으로 사람을 죽인다는 이야기, 유키온나의 아이를 받았는데 아이가 얼음처럼 차가워져 움직이지 못한 채 폭설에 파묻혔다는 이야기, 아이를 목욕시켰더니 녹아 사라지고 얼음덩이만 남았다는 이야기 등이 그것이다. 오늘날까지도 눈 오는 날에 유키온나를 목격한 이야기가 인터넷 커뮤니티에 떠돌곤 한다.

- 야마가타山形県 현의 오구니小国 지역 전설에 의하면, 유키온나는 원래 달에 사는 공주인데 지루해서 지상에 눈을 타고 내려왔다고 한다. 그런데 다시 달에 돌아갈 길이 없어 눈 내리는 달밤에만 나타난다고.

육

鯥

중국

초목은 없고 물만 있는 산인 저산柢山의 흐르는 물에 사는 괴어. 마치 소와 같이 생겼는데 뱀의 꼬리에 날개까지 달려 있다. 날개는 옆구리 아래쪽에 나 있는데 이쯤 되면 물고기의 범주를 넘어선 것 아닌가 싶을 정도. 하늘을 날았다는 기록은 없기 때문에 날치처럼 물 사이를 짧게 오가는 것으로 추정된다. 또 언덕에 살고 있다는 이야기로 보아 물 밖과 물속을 오가는 것으로도 추정할 수 있다.

'유우(留牛, 소의 일종으로 기록이 충분치 않아 정확하게 추정할 수 없다)'의 울음소리와 같은 소리를 낸다.

이 물고기는 매해 죽었다 살아나기를 반복한다. 겨울이면 죽어 있

· 분류	· 출몰 지역	· 출몰 시기	· 기록 문헌
괴물	저산	미상	《산해경》

· 특징
날개와 뱀 꼬리가 달려 있는 소와 닮은 물고기. 매해 죽었다 살아나기를 반복한다.

다가 여름이면 다시 살아나서 물속을 돌아다닌다. 육을 먹으면 종기를 치료할 수도 있다.

◉ 구전 및 문헌 내용

• 《산해경》에는 이상한 물고기 육에 대한 이야기가 다음과 같이 실려 있다.

  저산에 물고기가 있는데 모습은 소와 닮았고 언덕에 산다. 뱀 꼬리와 날개를 가지고 있으며 날개는 옆구리 아래쪽에 나 있다. 육의 소리는 마치 유우와 같다. 겨울에는 죽었다가 여름에 다시 살아나는데 이를 잡아먹으면 종기의 질환을 없앨 수 있다.

이매

魑魅

중국

흔히 '망량'과 함께 '이매망량'이라 부른다. 이매, 망량, 도깨비를 동일하다고 보는 주장도 있는데 엄연히 셋은 다른 존재다. 이매가 망량보다 난폭하고 사람에게 해를 끼치는 일이 많다.

이매는 망량처럼 산에서 거주하는데 얼굴은 사람을, 몸은 원숭이를 닮았고 네발로 걷는다. 주로 사람이 지나가기를 기다렸다가 해치거나 잡아먹는다. 하지만 온순한 이매는 장난치는 것만 좋아한다고.

이매를 개나 키우는 가축으로 착각해 따라가다가 홀릴 때가 많다. 고 의서에 이매에게 홀렸을 때 치료하는 방법이 꽤 많이 기록된 것으로 보아 생각보다 이매에게 당하는 일이 잦았던 듯하다.

• 분류	• 출몰 지역	• 출몰 시기	• 기록 문헌
정령	산림 지역	상시 출몰	《당시삼백수》, 《본초강목습유》

• 특징
사람의 머리에 네발이 달린 정령. 인간을 해치거나 잡아먹기도 한다.

◉ 구전 및 문헌 내용

• 《당시삼백수》에 실린 '하늘이 이백을 그리워한다天末懷李白'라는 시에는 "이매가 사람이 지나가는 것을 기뻐한다"라는 구절이 있다. 이는 이매가 산속에서 사람을 기다렸다가 장난치거나 잡아먹는 정령이라는 것을 보여주는 대목이다.

• 《본초강목습유》에는 소주를 통해 이매를 찾는 방법이 기록돼 있다. 내용은 다음과 같다.

　　술은 쌀을 발효하고 정화한 양의 기운에 속한다. 소주는 이 술을 한 번 더 정화한 것이니 양 중의 양이라고 할 수 있다. 소주를 태우면 녹색 빛이 나는데 이는 양이 극한까지 이르러 음으로 변하는 것이다. 이를 소주화라 한다. (…) 이 빛을 사람에게 비추면 청회색으로 보이고 이매에게 비추면 이매는 몸을 숨길 수 없다.

• 고의서에서는 '살귀원殺鬼元'이라는 환이 자주 등장하는데 주로 이매와 망량에 홀렸을 때 치료하기 위한 약이다. 이 약은 《의휘》 등 국내 고의서에서도 찾아볼 수 있다.

이쓰마데

以津眞天 いつまで

일본

"언제까지, 언제까지(いつまで, いつまで)"라고 울어서 이쓰마데라는 이름이 붙은 괴조. 사람의 머리를 하고 구부러진 부리, 톱니 같은 이빨을 가지고 있다. 또 칼처럼 예리한 손톱을 가졌는데 크기가 1장 6척(약 4.83m) 정도다. 괴물치고는 크지 않은 편. 또 인간에게 큰 해를 끼치지는 않지만, 누에처럼 괴이한 울음소리를 내기 때문에 듣는 이는 병이 들거나 불안감에 휩싸인다.

전설에 의하면 시체 주위에 나타나기도 하는데 언제까지 시체를 방치할 것이냐는 뜻으로 "이쓰마데, 이쓰마데"라고 운다고 한다. 명궁 히로아리広有가 활을 쏘아 이쓰마데를 퇴치한 기록이 있다.

• 분류	• 출몰 지역	• 출몰 시기	• 기록 문헌
괴물	미상	겐무 원년	《태평기》, 《화도백귀야행》

• 특징
"언제까지… 언제까지"라고 우는 괴조. 사람의 머리를 하고 있다.

◉ 구전 및 문헌 내용

• 《화도백귀야행》에 기록된 이쓰마데에 대한 이야기는 다음과 같다.

　히로아리가 "이쓰마데, 이쓰마데"라고 우는 괴조에게 활을 쏘았다. 이는 《태평기》에 쓰였다.

• 《태평기》에는 1334년(겐무 원년)에 이쓰마데가 나타나 "이쓰마데, 이쓰마데"라고 울었고 이를 사람들이 불안해하자 명궁 히로아리가 활을 쏴 떨어뜨렸다는 기록이 있다. 이쓰마데에 대한 기록은 많지 않아 《태평기》에 묘사된 모습으로 회자되고 있다.

인

燐

중국

흔히 아는 도깨비불로, '귀화鬼火'라고도 한다. 사람이나 말이 죽으면 피가 땅에 스며드는데 이것이 오래되어 변화하면 인이 된다. 혹은 혼 자체가 변화한 것으로 보기도 한다. 그렇기 때문에 전쟁터에서 많이 생긴다.

도깨비불은 푸른빛을 내며 흩어졌다 모아졌다 하며 이동한다. 사람과 접촉하면 몸에 붙어 빛을 내고, 무서워서 털어내면 여러 마리로 분열한다. 돌아다니면서 타닥타닥 소리를 내는데 콩 볶는 소리와 비슷하다고. 도깨비불이 몸에 붙어 한동안 있으면 정신이 혼미해지고 넋이 나가는데 회복되는 데 하루 정도 소요된다고 한다.

• 분류	• 출몰 지역	• 출몰 시기	• 기록 문헌
정령	전쟁터 및 무덤가	상시 출몰	《박물지》, 《본초강목》

• 특징
죽은 사람이나 말이 땅에 스며 인골 등의 인이 자연 발화되는 도깨비불.

◉ 구전 및 문헌 내용

• 《박물지》에 도깨비불, 인에 대한 내용이 기록돼 있다.

전쟁이 나거나 말이 죽은 곳에 남은 사람과 말의 피가 오랜 시간을 거치면 도깨비불 즉, 인이 된다. 도깨비불은 땅과 풀에 붙으면 이슬 같아 눈에 띄지 않는다. 그러다 혹여 행인이 접촉하면 몸에 붙어 발광하며 떨어뜨리려 하면 여러 개로 분산해서 흩어진다. 심지어 콩을 볶듯 타닥타닥 소리를 낸다. 가만히 두면 언젠가 사라지는데 이에 당한 사람은 혼이 빠진 것처럼 멍해진다. 이를 치료하는 데 하루가 걸린다.

• 《본초강목》에도 도깨비불, 귀화에 대한 내용이 기록돼 있다.

불꽃색이 푸르고 모양이 횃불과 같다. 모였다 흩어지기를 반복하는데 사람들은 이를 귀화라고 부른다. 어떤 이는 '여러 피를 오가는 광선과 불꽃'이라고 말한다.

인면수

人面樹

중국, 일본

사람의 머리가 열리는 나무로, 중국과 일본 모두에 존재한다. 인면수는 중국에서는 대식국의 사람이 살지 않는 곳, 일본에서는 심산의 산골짜기에 있다고 기록돼 있다. 인면수에는 꽃 대신 머리가 열리는데 꽃잎도 달려 있다. 당연히 신체 기관이 없으니 말을 할 수 없고, 누군가가 말을 걸어도 알아듣지 못한다. 단지 열매일 뿐. 다만 눈을 움직이거나 코를 킁킁거리는 것 정도는 할 수 있지 않을까 추정한다.

머리들은 모두 다르게 생겼는데 항상 생글생글 웃는다. 다만 웃음이 과하거나 지나치면 꽃이 점점 오므라져 똑 하고 떨어진다.

• 분류	• 출몰 지역	• 출몰 시기	• 기록 문헌
괴물	대식국, 심산	미상	《삼재도회》,《술이기》, 《화도백귀야행》

• 특징
사람의 머리가 열리는 나무. 열린 머리들은 늘 생글생글 웃는다.

◉ 구전 및 문헌 내용

• 《화도백귀야행》에서는 목이 열리는 나무 인면수가 기록돼 있다. 내용은 다음과 같다.

산골짜기에 있다. 사람의 머리가 꽃과 같이 열린다. 그 머리는 말없이 웃고, 꽃잎이 떨어져도 웃을 뿐이다.

• 《술이기》,《삼재도회》 등 중국 문헌에서도 인면수는 등장한다. 기록에 따르면 인면수는 대식국에 존재하는데 이 나라는 서남에서 천 리 떨어진 나라다. 이 나무에는 사람의 머리와 같은 꽃이 피며 그 꽃은 항상 웃는다. 하지만 사람의 말을 알아듣지 못하고, 너무 웃으면 꽃이 오므라져 떨어진다.

인면창

人面瘡

한국, 중국, 일본

우리나라뿐 아니라 중국과 일본에도 등장하는 괴이한 병. 몸에 생기는 종기로, 사람의 얼굴처럼 생겼다. 주로 원한을 사면 어깨, 무릎 등에 생기는데, 그렇기에 늘 마음을 맑게 먹어야 한다.

이 종기는 먹기도 마시기도 하며 심지어는 말도 하는 것으로 보인다. 말을 할 때는 계속 재잘거려서 끊임없이 답해야 하는 괴로움이 있다. 재미있는 점은 술을 입 부분에 주면 취한 것처럼 붉어진다는 것이다.

치료하는 방법은 종기 부분을 절단하거나 치료약을 먹는 것이다. 또 패모貝母라는 백합과의 식물도 효과가 있다.

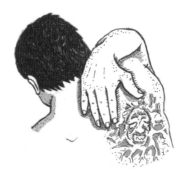

• 분류	• 출몰 지역	• 출몰 시기	• 기록 문헌
귀물	한국 및 일본, 중국 등	상시 출몰	《수세비결》, 《제국백물어》

• 특징
사람의 얼굴을 닮은 종기. 먹고 마시며 말도 한다.

◉ 구전 및 문헌 내용

• 우리나라 고서인 《수세비결》에는 인면창에 대한 다음과 같은 내용이 있다.

> 어떤 이의 어깨에 종기가 생겼는데, 사람의 얼굴과 같았다. 신기하게도 고통은 없었는데 장난삼아 입 부분에 술 방울을 떨어뜨리니 종기가 붉어졌다. 또 이것저것 먹을 것을 주니 모두 먹었다. 여러 약이 효과가 없었는데 패모를 먹으니 아물었다.

• 일본 괴담집 《제국백물어》에도 인면창의 이야기가 등장한다. 헤이로쿠사에몬平六左衛門이라는 남자의 아버지가 승려에게 하는 이야기인데 내용은 다음과 같다.

> "낯부끄러운 이야기지만 들어주시죠. 전 젊은 시절에 하녀와 정분난 적이 있습니다. 하지만 아내가 알고 질투하여 하녀를 교살했습니다. 그 후 하녀가 죽고 사흘이 지나지 않았는데 오른쪽 어깨에 종기가 생겼고 7일째 되었을 때 아내가 죽었으며 다시 사흘도 안 되었을 때 왼쪽 어깨에 종기가 생겼습니다. 그 후 양쪽 어깨에서 말을 거는데 대답하지 않으면 저를 괴롭힙니다."

일발라, 바타피

Ilvala, Vatapi

인도

락샤사 종족에 속하는 형제 귀물로, 바타피가 형, 일발라가 동생이다. 이 둘은 사람에게 악한 일을 벌이는데 방법이 매우 끔찍하다. 둘은 제사 지내는 곳을 배회하면서 사람이 없는 틈을 타 바타피가 양으로 변해 제사 제물이 된다. 열심히 제사 지낸 사제가 이 양고기를 다 먹고 배를 두드리면 그때 일발라가 나타나 바타피의 이름을 크게 부른다. 그 소리를 들은 바타피는 사제의 배를 찢고 나타난다. 이들이 인간을 죽이는 데는 특별한 이유가 없으며 단지 악행 자체를 즐기는 것이다.

• 분류	• 출몰 지역	• 출몰 시기	• 기록 문헌
귀물	제사 지내는 곳	미상	인도 신화

• 특징
락샤사 종족의 형제 귀물 콤비. 사제의 뱃속에 들어가 찢고 나오는 악행을 저지른다.

◉ 구전 및 문헌 내용

• 인도 신화에서는 일발라와 바타피를 현자 '아가스티아Agastya' 가 퇴치한다. 둘의 악행에 대해 들은 아가스티아는 사제로 잠복하여 제사 지내는 척을 하는데, 바타피가 변한 제물을 먹은 즉시 소화제를 먹어 소화시키고 신성한 칼로 일발라를 찔러 죽인다.

잇탄모멘

一反木綿 いったんもめん

일본

하늘을 날아다니는 천 형태의 귀물로, 깊은 밤 인적이 드문 골목길에 나타난다. 잇탄모멘은 하늘거리며 날다가 인간을 발견하면 목을 조르거나 머리를 감싸 숨을 못 쉬게 한다. 머리를 휘감고 공중에 띄워 죽이기도 한다.

　귀물이지만 물리적인 공격이 가능한데, 특히 검이나 송곳 같은 날카로운 것으로 공격할 수 있고, 피해를 입으면 몸에서 피와 비슷한 붉은 액체를 내뿜는다.

　잇탄모멘은 현재까지도 목격담이 이어지고 있으며 실재한다고 믿는 이가 많은 요괴 중 하나다. 가고시마 현 다카야마高山에서 자주 목격되는데, 이 동네 주민들에게는 공포의 대상일 정도.

• 분류	• 출몰 지역	• 출몰 시기	• 기록 문헌
귀물	가고시마 현 다카야마	상시 출몰	민간 전설

• 특징
천 형태의 귀물로, 공중을 날아다니다가 사람을 발견하면 덮거나 목을 졸라 죽인다.

◉ 구전 및 문헌 내용

• 잇탄모멘이 자주 나타나는 가고시마에서는 어른들이 아이들에게 "어두워질 때까지 놀면 잇탄모멘이 찾아와 잡아간다"라고 자주 이야기한다. 다양한 형태로 목격되는데, 여러 개의 천이 빙빙 돌거나 저공비행을 하거나 눈으로 따라잡기 힘들 정도로 빠르게 날아가는 모습 등이 그것이다.

자어

鮓魚

중국

동해 바다에 떠다니는 이상한 물고기로, 괴생물체에 가깝다. 넓이는 수척으로, 모양은 마치 응고된 핏덩이 같고 어떨 때는 동그랗고 어떨 때는 네모나다. 마치 서양 몬스터인 슬라임slime의 바다 버전과 같은 느낌이다.

머리도 눈도 없고, 잡아서 배를 갈라도 내장이 없다. 둥둥 떠다니면 새우들이 달라붙는데, 그래서 자어 주변에 새우가 많다. 보기만 해도 맛이 없을 것 같은 자어를 월나라 사람들은 끓여 먹는다고 한다.

• 분류	• 출몰 지역	• 출몰 시기	• 기록 문헌
괴물	동해 지역	미상	《박물지》

• 특징
수척의 특정한 형태가 없는 물고기로 눈도, 내장도 없이 둥둥 떠다닌다.

◉ 구전 및 문헌 내용

• 《박물지》에 기록된 자어에 대한 내용은 다음과 같다.

동해 바다에는 기묘한 것이 있다. 그것은 마치 굳은 핏덩이 같은 데 넓이가 수척이나 된다. 그것은 네모나기도 하고 동그랗기도 한데 이름이 자어다. 자어는 머리도 눈도 없고 창자도 내장도 없다. 자어가 있는 곳에는 새우들이 달라붙어 함께 이동한다. 월 나라 사람들은 자어를 끓여 먹는다고 한다.

자코쓰바바

蛇骨婆 じゃこつばばあ

일본

오른손에는 붉은 뱀, 왼손에는 푸른 뱀을 쥐고 있는 괴물. 뱀을 감고 있는 것으로 보아 자유자재로 뱀을 움직일 수 있을 것으로 추정된다.

자코쓰바바는 원래 《산해경》에 등장한 무함국巫咸國 사람으로, 무함국이 중국 서쪽 지역이라고만 추측될 뿐 현재 어느 지역인지에 대한 의견은 분분하다. 일설에 의하면 이곳이 미케네Mycenae라는 말도 있다. 자코쓰바바가 어떤 연유로 일본에 왔는지는 알 수가 없으나 어쨌든 먼 거리를 온 것만은 분명하다.

자코쓰바바는 딱히 인간에게 해를 끼치거나 뱀을 이용하여 공격

• 분류	• 출몰 지역	• 출몰 시기	• 기록 문헌
괴물	무함국	미상	《화도백귀야행》

• 특징
오른손에는 적사, 왼손에는 청사를 든 기묘한 인간형 괴물.

하지 않는다. 괴물이라기보다는 거의 특이한 인간에 가깝다고 보는데, 이런 이질적인 특성이 괴물화된 것으로 추정된다.

◉ 구전 및 문헌 내용

• 《화도백귀야행》에 기록된 자코쓰바바에 대한 내용은 다음과 같다.

무함국은 여축국의 북쪽인데 오른손에는 붉은 뱀을 왼손에는 푸른 뱀을 쥐고 있는 사람들이 있다. 자코쓰바바는 이 나라 사람이 아닐까? 일설에 의하면 '자고에몬蛇五右衛門じゃごえもん'이라고 불리는 자의 아내다. 그래서 '자고바蛇五婆じゃごばあ'라고도 부른다.

• 여기에 등장하는 무함국은 《산해경》에 기록된 곳으로, 내용은 다음과 같다.

무함국은 여축국의 북쪽에 있다. 여기 사람들은 왼손에는 청사를, 오른손에는 적사를 쥐고 있다. 등보산登葆山이라는 곳이 있는데 여기는 무당들이 무리를 지어 약을 캐러 오르내린다.

젱랏

Jenglot

인도네시아

자바섬에 거주하는 소인 흡혈괴. 1미터 미만의 크기로, 송곳니와 손톱이 매우 길고 송곳니를 이용해 피를 빨아먹는다. 피를 빠는 것 외에도 신통한 능력이 많은데, 주종 관계가 확실하여 인간을 잘 따른다. 동굴에서 오랫동안 숨어서 수행을 하면 젱랏이 되는데, 수행을 할 때마다 크기는 점점 작아진다고.

　놀랍게도 온라인에서 젱랏의 미라가 실제로 거래되는데, 해외 상

• 분류	• 출몰 지역	• 출몰 시기	• 기록 문헌
괴물	자바섬 일대	상시 출몰	인도네시아 전설

• 특징
1미터 미만의 소인 흡혈괴. 긴 송곳니로 사람의 피를 빨고 인간을 잘 따른다.

거래 사이트에서 'Jenglot'을 검색하면 100달러에서 1,000달러 가격의 다양한 젱랏 미라를 찾을 수 있다. 물론 진짜인지는 알 수 없다. 젱랏의 미라에 인간의 피를 뿌리면 다시 살아나기도 한다.

◉ 구전 및 문헌 내용

- 젱랏은 1997년 처음 인도네시아 자바섬에서 목격됐다고 전해진다. 비교적 현대 괴물인 셈이다. 젱랏은 신비한 힘을 가지고 있기에 사람들은 이를 소유하고 싶어 하는데, 민담에 의하면 젱랏을 소유하면 매일 자신의 피를 한 방울씩 먹여야 한다고 한다. 그렇지 않으면 주인이나 그 주변 사람에게 해를 끼칠 수 있기 때문이다. 젱랏은 특히 여자 주인을 더 잘 따르는 것으로 알려져 있다.

주

綢

중국

서쪽 산야에 사는 괴물. 나귀와 비슷하게 생겼는데 얼굴과 손발에는
원숭이 털과 같은 것이 나 있다. 그래서인지 나무도 꽤 잘 탄다. 주는
오로지 암컷만 있고 수컷이 없다. 그렇기 때문에 인간 남자를 납치
하는데, 이는 부녀자를 납치하는 괴물 '후확'과 정반대의 행태를 보
인다.

주가 남자를 납치하는 이유는 종족 번식을 위해서다. 주는 길가에
서 남자를 납치해 이름 모를 곳으로 데려가 과일이나 곡식 등을 주며
연명하게 하는데, 그동안 관계를 세 번 가지면 열 달 후에 아이를 낳
는다.

• 분류	• 출몰 지역	• 출몰 시기	• 기록 문헌
괴물	서쪽 산야	미상	《신이경》

• 특징
인간 남자를 납치해 관계를 갖는 괴물로, 세 번 관계를 가지면 아이가 생긴다.

◉ 구전 및 문헌 내용

• 《신이경》에는 주에 대한 이야기가 다음과 같이 기록돼 있다.

서쪽 산야에 사는 이 짐승은 나귀와 비슷하고 얼굴과 손발에 원숭이 털이 나 있다. 나무를 잘 타는데 암컷만 있고 수컷은 없다. 이 짐승의 이름은 주다. 주는 사람과 세 번 관계를 맺어야 아이를 낳는다. 길가에서 남자를 잡아 알 수 없는 조용한 곳으로 데려가서 과일과 곡식을 준다. 관계를 세 번 맺으면 열 달 후에 아이를 낳는다.

척곽

尺郭

중국

동남쪽 도도산桃都山에 거주하는 신으로, '식사食邪' 혹은 '황보黃父'라고도 불린다. 동남쪽 여기저기 배회하는 것을 좋아하는데, 키는 무려 7장(약 21m), 배 둘레도 7장이다.

다른 존재들처럼 밥이 아닌 귀신을 잡아먹고 아침에 3천 마리, 저녁에는 300마리를 잡아먹는다. 또 음료 대신 이슬을 마신다.

척곽의 옷차림은 매우 독특한데 산발한 머리 위에 닭을 올리고, '기린' 중 수컷 '기'의 모습을 한 가면을 쓰고 다닌다. 또 흰 띠가 둘러

· 분류	· 출몰 지역	· 출몰 시기	· 기록 문헌
신	도도산	미상	《신이경》

· 특징
아침저녁으로 많은 귀신을 잡아먹는 신으로, 붉은 옷을 입고 있다.

진 붉은 옷을 입고 붉은 뱀을 머리에 두르고 다닌다. 이때 뱀은 꼬리를 머리가 문 형태다. 예로부터 귀신들이 붉은 색을 무서워했기에 이러한 옷을 입는 것으로 추정된다.

◉ 구전 및 문헌 내용

• 《신이경》에는 귀신을 잡아먹는 신 척곽에 대한 이야기가 기록돼 있다.

> 동남쪽 지역에는 누군가가 있는데 여기저기 돌아다니는 것을 좋아한다. 키는 일곱 장이고 배 둘레도 일곱 장인데 닭을 머리 위에 올려놓고 있다. 기 가면을 쓰고 흰 띠가 둘러진 붉은 옷을 입는다. 붉은 뱀은 머리와 꼬리를 서로 문 채로 이마에 둘러져 있다. 그는 먹지도 마시지도 않는데 오로지 귀신을 먹는다. 아침에는 3천 마리, 저녁에는 300마리를 먹으며 이슬을 음료 삼는다. 그의 이름은 척곽이다.

천오

天吳

중국

조양곡朝陽谷의 신으로, 조양곡을 풀이하면 아침 해가 뜨는 골짜기란 뜻이다. 천오는 물의 신이기도 하여 한국 문헌에서도 수신으로 간간히 등장하는데 주로 물이 마를까 걱정하는 모습으로 나온다. 생김새는 마치 호랑이 같고 머리는 여덟 개에 얼굴이 모두 다르다. 등은 황청색을 띤다.

　비슷한 신수인 개명수는 '9'라는 숫자가 중요한 데 반해 천오는 '8'이 중요하다. 머리도 여덟 개, 다리도 여덟 개, 꼬리도 여덟 개이기 때문이다. 단, 꼬리는 열 개라는 기록도 있다.

• 분류	• 출몰 지역	• 출몰 시기	• 기록 문헌
신	조양곡	미상	《산해경》, 《옥담사집》
• 특징			
머리와 다리, 꼬리가 여덟 개인 수신.			

◉ 구전 및 문헌 내용

• 《산해경》에 기록된 천오에 대한 내용은 다음과 같다.

조양곡의 신은 천오다. 천오는 물의 신이다. 그는 짐승처럼 생겼고 머리가 여덟 개다. 사람의 머리를 하고 있는데 다리도 여덟 개, 꼬리도 여덟 개다. 등은 푸르면서 노랗다.

어떤 신이 있어 머리가 여덟 개다. 사람의 머리를 하고 호랑이 몸을 가졌는데 꼬리는 열 개다. 이 신은 천오.

• 이응희李應禧의 《옥담사집》은 세상 만물을 시로 표현한 책이다. 그중 고래를 표현한 시에 "바닷물을 모조리 들이마시니 천오가 울고"라는 구절이 나온다. 이는 천오가 바다와 물의 신임을 알려준다.

천흉국인

穿胸國人

중국

천흉국은 '관흉국貫胸國'으로도 불리는데, 여기 사는 천흉국인들 가슴에는 구멍이 뚫려 있다. 이 구멍은 콧구멍이나 입 같은 구멍이 아닌, 앞과 뒤가 함께 뚫려 있는 구멍으로 등에 물건을 넣으면 앞가슴으로 물건이 나온다. 앞사람과 뒷사람 가슴에 긴 막대기를 꽂고 들어서 가마로 이동하기도 하는데 이 모습은 기괴하기 짝이 없다.

이런 이상한 구멍이 생긴 데는 사연이 있다. 우禹임금을 살해하려던 이들이 실패하자 스스로 가슴에 칼을 찔러 자결했고 이를 불쌍히

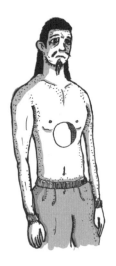

• 분류	• 출몰 지역	• 출몰 시기	• 기록 문헌
종족	천흉국	미상	《박물지》, 《산해경》
• 특징			
가슴에 구멍이 뚫려 있는 이상한 종족.			

여긴 우임금이 칼을 빼고 불사초로 치료를 해준 것이다. 이후 가슴에
구멍이 난 천흉국인이 되었다.

◉ 구전 및 문헌 내용

• 《박물지》에는 다음과 같은 천흉국 이야기가 있다.

천흉국의 기원은 다음과 같다. 옛날에 우임금이 천하를 평정
하고 제후들과 회계산 들에 모이게 되었다. 하지만 방풍씨防風
氏가 모임에 늦자 우임금은 이에 화가 나 그를 죽였다. 우임금
은 덕이 많은 임금이라 두 마리의 용이 그를 따라왔는데 이들과
함께 자신의 구역을 돌아보기로 했다. 죽은 방풍씨의 지역을 지
날 때였다. 방풍씨의 충성스런 두 신하가 방풍씨가 살해당한 것
을 알고 이를 복수하기 위해 우임금에게 활을 쐈다. 활을 쏘자
두 마리의 용이 날아올라가고 바람이 불며 천둥이 쳤다. 그들은
무서워하며 칼을 꺼내 스스로 가슴을 찔러 자결했다. 우임금은
이를 불쌍히 여겨 칼을 빼내고 불사초로 치료해주었다. 그들은
가슴이 뚫린 채로 살아가게 되었다.

촉룡

燭龍

중국

장미산章尾山이라고도 불리는 종산 아래쪽에 사는 신. '촉음燭陰'이라고도 불린다. 이름처럼 용과 비슷한 생김새를 가지고 있다. 사람의 머리를 하고, 뱀의 몸을 가졌는데 몸 전체가 매우 붉다. 몸길이도 엄청나게 긴데, 무려 천 리나 된다고. 눈은 세로로 찢어졌으며 두 줄기 꿰맨 자국이 있다.

그는 세상의 밝음도 관장하는데 이 이상한 눈을 뜨면 세상이 밝아지고 감으면 다시 어두워진다. 또 입김을 불면 여름이 되고 들이마시면 겨울이 되고 숨을 계속 쉬면 바람이 된다. 겹겹이 어두운 곳을 밝히는 일도 한다.

• 분류	• 출몰 지역	• 출몰 시기	• 기록 문헌
신	종산	미상	《산해경》

• 특징
눈을 감으면 날이 어두워지고 눈을 뜨면 날이 밝아지는 종산의 신.

촉룡은 다른 신과 달리 먹지도 자지도 않고, 심지어 숨을 쉬지 않아도 살 수 있다.

◉ 구전 및 문헌 내용

• 《산해경》에 기록된 촉룡에 대한 이야기는 다음과 같다.

　장미산에 한 신이 있는데 사람의 얼굴과 뱀의 몸을 하고 있다. 몸 색깔은 붉다. 눈이 세로로 나 있고 두 줄기 꿰맨 자국이 있는데 이 눈을 감으면 천지가 어두워지고 눈을 뜨면 천지가 밝아진다. 이 신은 먹지도 자지도 숨 쉬지도 않는다. 그는 어두운 곳을 비추는 일을 한다. 신의 이름은 촉룡이다.

• 《산해경》에 촉음이라는 이름으로 또 다른 촉룡의 이야기가 기록돼 있다.

　종산의 신은 촉음이다. 촉음이 눈을 뜨면 낮이 되고 눈을 감으면 밤이 된다. 입김을 불면 여름이 되고 입김을 마시면 겨울이 된다. 촉음은 먹지도 마시지도 않는다. 촉음의 몸길이는 천 리다. 촉음은 사람 머리에 뱀의 몸을 가지고 있으며 매우 붉다. 종산 아래에 산다.

추인

貙人

중국

호북성 강릉 지방에 사는 종족. 생김새는 사람과 같은데 호랑이로 변할 수 있고, 호랑이과 동물처럼 발뒤꿈치가 없어서 이를 통해 추인을 구분한다. 주로 칡으로 만든 자주색 옷을 즐겨 입고, 붉은 두건 등을 머리에 맨다. 순간적으로 호랑이로 변하기 때문에 눈을 떼면 알아차리기 어렵다. 호랑이로 변하면 산으로 도망가기도 하는데 물리적인 체력이나 능력은 호랑이와 비슷하다. 간혹 사람들이 호랑이를 잡아 우리에 가둬놨는데 다음 날 그 자리에 웬 사람이 앉아 있는 일이 있다. 이는 추인을 호랑이로 오해해 잡았기 때문이다.

• 분류	• 출몰 지역	• 출몰 시기	• 기록 문헌
종족	호북성 강릉 지방	미상	《박물지》, 《수신기》

• 특징
호랑이로 변신이 가능한 종족으로, 변신하면 호랑이의 능력을 보인다.

◉ 구전 및 문헌 내용

• 《수신기》에는 추인에 대한 재미있는 일화가 기록돼 있다.

장장사군 만현 동고구에 사는 이들이 목책을 설치해서 호랑이를 잡은 일이 있다. 다음 날 아침 마을 사람들이 목책을 찾아가 호랑이를 때려잡으려 했는데 호랑이는 없고 한 청년이 앉아 있었다. 그 청년은 추인의 우두머리였는데 붉은 두건을 하고 있었다. 사람들이 왜 여기에 앉아 있냐고 묻자 청년은 고을의 부름을 받고 이동하다가 밤이 되어 목책에 잘못 들어왔다고 말했다. 이에 마을 사람들이 심부름을 하는 것이라면 증서를 보여 달라 했고 청년은 증서를 보여주었다. 마을 사람들이 확인하자 청년은 즉시 호랑이로 변해 산속으로 사라졌다.

• 《박물지》에도 추인에 대한 이야기가 짧게 실려 있다.

호북성 강릉 지방에 추인이라는 사람들이 살고 있다. 이들은 호랑이로 변신할 수 있다. (…) 그들은 칡으로 짠 자색 옷을 입는데 발에는 뒤꿈치가 없다.

카반다

Kabanda

인도

단다카 숲속에 거주하는 아수라Asura 종족의 괴물. 머리가 없고 몸
뚱이에 눈, 코, 입이 달렸는데 입에는 날카로운 이빨이 무수히 달렸
고, 양팔이 땅에 닿을 정도로 길다. 머리가 없고 몸에 이목구비가 있
다는 점은 중국 요괴인 '형천'과 닮았다.

원래부터 이런 모습은 아니었다. '인드라Indra'에게 금강저로 머리
를 맞아 머리가 몸통에 들어가서 이런 흉측한 모습으로 변했는데, 카
반다도 자신의 모습을 싫어한다. 모습이 변하기 전에는 아수라 종족
이 아닌 정령 '간다르바' 중 하나였다.

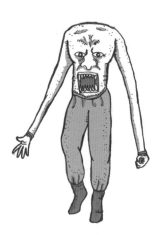

• 분류	• 출몰 지역	• 출몰 시기	• 기록 문헌
괴물	단다카 숲	미상	《라마야나》

• 특징
머리가 없고 몸통에 이목구비가 있는 괴물로, 팔이 매우 길다.

◉ 구전 및 문헌 내용

• 《라마야나》에 기록된 카반다에 대한 이야기를 정리하면 다음
과 같다.

간다르바 종족이 인드라와 전투할 때의 일이다. 이때 한 간다르
바가 인드라의 금강저를 머리에 맞는다. 이때 받은 타격과 충격
으로 간다르바의 머리가 몸통에 쏙 들어가 버린다. 머리는 사라
지고 몸통에 이목구비가 생긴 간다르바가 바로 카반다다. 카반
다는 자신의 모습이 싫어 숨어 지냈는데 라마 왕자가 목을 빼주
어 원래 모습으로 되돌아왔다.

코펙

Hantu Kopek

말레이시아

말레이시아의 민담에 등장하는 귀물. 노파의 모습을 한 코펙은 늘어진 가슴으로 행인의 목을 휘감아 질식시키거나 머리를 쳐서 기절시키는 섬뜩한 악행을 저지른다. 하지만 코펙을 가장 주의해야 할 대상은 바로 아이들이다. 코펙이 엄마의 젖을 빼앗아 아이들을 굶겨 죽이기 때문이다. 그래서 말레이시아에서는 수유 중 코펙이 나타난 것을 대비해 찌를 무언가를 준비해둔다. 또 코펙은 늦은 밤 아이들을 납치해가는데, 인도네시아에도 비슷한 귀물인 '웨웨 곰벨Wewe Gombel'이 있다.

• 분류	• 출몰 지역	• 출몰 시기	• 기록 문헌
귀물	늦은 밤거리	상시 출몰	말레이시아 전설

• 특징
가슴이 늘어진 노파 귀물로, 아이들의 젖을 빼앗아간다.

◉ 구전 및 문헌 내용

• 말레이시아 전설에서 전해지는 코펙에 대한 이야기는 주로 아이들에 관한 것이다. 특히 아이들의 젖을 빼앗는 이야기부터 밤에 아이들을 습격하는 이야기까지 다양하다. 그래서 부모들은 밤이 되기 전에 아이들을 반드시 귀가시키려 한다. 벌레를 먹거나 큰 나무에 산다는 이야기, 아이들에게 고름 우유와 벌레 국수를 억지로 먹인다는 다양한 구전이 있다.

쿰바카르나

Kumbhakarna

인도

락샤사 종족에 속하는 귀물로, 락샤사의 지도자라 불리는 '라바나'의 동생이기도 하다. 산처럼 거대한 몸집을 가지고 있는데, 주로 잔다. 쿰바카르나가 잘 때는 무슨 수를 써도 일어나지 않는다. 이 잠은 '브라흐마Brahma'의 저주로 인한 것인데, 코끼리 천 마리가 그의 몸을 지나가야 슬쩍 눈을 뜰 정도. 하지만 반년에 한 번 일어나서 기지개를 켜고 주변의 모든 것을 먹어 치운다. 그중 원숭이를 즐겨 먹는데, 한 번에 원숭이와 곰을 백 마리씩 먹어 치울 정도로 식욕이 왕성하다.

• 분류	• 출몰 지역	• 출몰 시기	• 기록 문헌
괴물	미상	고대	《라마야나》

• 특징
주로 잠을 자는 것이 일상인 괴물. 반년에 한 번 일어나 모든 것을 먹어치운다.

◉ 구전 및 문헌 내용

• 《라마야나》에 쿰바카르나와 라마 왕자의 싸움이 등장한다. 내용은 다음과 같다.

라바나와 라마 왕자의 싸움 도중 라바나가 패할 위기에 처하자 동생 쿰바카르나를 깨우기로 했다. 라바나가 아무리 깨워도 쿰바카르나는 좀처럼 일어나지 않았는데, 코끼리 천 마리가 지나가고 나서야 드디어 동생이 눈을 떴다. 이를 본 라마 왕자는 원숭이와 곰 부대로 쿰바카르나를 공격했다. 강력한 공격에도 쿰바카르나는 굴하지 않았는데 한 번에 원숭이와 곰을 백 마리씩 먹으며 라마 왕자의 부대를 곤경에 빠뜨렸다. 결국 라마 왕자는 활을 쏘아 쿰바카르나를 죽이고 전투에서 승리한다.

태세

太歲

중국

땅을 파면 나오는 이상한 괴생물체. 공사나 이사 중에 땅을 파면 주로 나오는데, 건드리면 해를 입는다. 태세를 파낸 사람은 숨이 차거나 기절하기도 하고 심하면 가족 모두 사망에 이를 수 있다. 그렇기 때문에 땅을 파다가 태세를 발견하면 못 본 척하며 땅을 덮고 공사를 중지해야 한다.

태세는 고깃덩이 같이 흐물흐물하며 점성이 있는 모습을 보이는데 그 위에 무수히 많은 눈이 달려 있다. 땅속에서 목성의 역방향으로 움직이는데 이를 발견한 후 수차례 때리면 재앙을 막을 수 있다는 말도 있다. 하지만 역시 맞서기보다 피하는 것이 좋다.

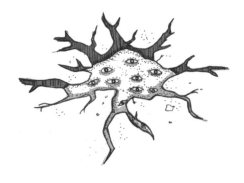

· 분류	· 출몰 지역	· 출몰 시기	· 기록 문헌
괴물	미상	미상	《의휘》, 《태평광기》

· 특징
땅속에서 목성의 역방향으로 움직이는 이상한 괴물체. 건드리면 해를 입는다.

◉ 구전 및 문헌 내용

• 《태평광기》에는 어떤 이가 땅속에서 태세를 파낸 기록이 있다. 붉은 고기와 같은 이것은 눈이 수천 개 달려 있었다. 지나가던 스님이 빨리 묻으라는 말에 깜짝 놀라 다시 땅에 묻었는데 파낸 이의 일가족은 모두 사망하고 말았다.

• 한국의 고의서인 《의휘》에는 태세를 파냈을 때 조치법이 기록돼 있다. 내용은 다음과 같다.

공사하다가 태세를 건드리면 갑자기 쓰러지거나 머리가 아프거나 숨이 찬다. 이때는 그 자리의 건물을 빨리 철거하고 껍질이 있는 메밀로 죽을 쑤어 그 자리에 뿌리도록 한다. 거기에다 쌀 한 말을 씻어 밥을 지은 후 두 개로 나눠 하나는 조왕에게 바치고 하나는 성황에게 바친 후 제사를 지내면 낫는다.

투율

Tuyul

말레이시아, 인도네시아

말레이시아, 인도네시아 일대에 서식하는 귀물로, '토욜Toyol'이라고
도 한다. 투율은 유산된 아이나 사산한 태아에서 혼이 생겨난 귀물
로, 성인이 아닌 아이 귀물이다.

몸은 투명한 은빛이나 환한 녹색을 띠고, 병아리 소리를 조곤조곤
내곤 하는데 입에는 날카로운 이빨이 빽빽하게 나 있다. 이들은 종족
을 이루듯 무리 지어 다니는데, 인간에게 겁을 주고 해를 끼친다. 다
만 게를 매우 좋아해 공격할 때 게를 던져주면 게와 장난을 치느라
공격하는 것을 까먹는다. 일부 주술사들은 투율을 노예처럼 부리기
도 한다.

• 분류	• 출몰 지역	• 출몰 시기	• 기록 문헌
귀물	말레이시아, 인도네시아 일대	상시 출몰	말레이시아, 태국, 인도네시아 전설

• 특징
은빛 또는 녹색을 띤 아이 귀물로, 게를 매우 좋아한다.

◉ 구전 및 문헌 내용

• 투율은 두꾼(주술사)들에 의해 부림당하는 모습으로 민간에 알려져 있다. 갑자기 부자가 된 두꾼들은 투율을 노예처럼 부릴 확률이 높은데, 투율에게 타인의 재산을 훔쳐오게 하기 때문이다. 투율이 금품을 훔치지 못하게 하려면 지갑이나 재물 밑에 바늘을 두면 된다. 그러면 훔치려다가 바늘에 찔려 도망간다.

티아마트

Tiamat

이라크, 이란

티아마트는 '깊은 바다'라는 어원을 갖는데, 바다를 지배하는 신이기
도 하다. '티아므투Tiamtu'라고도 불린다. 티아마트는 신 중에서도
악신에 가깝다. 자기 이후에 태어난 신들이 모두 마음에 들지 않아 없
애려다가 결국 거대한 뱀이 된 것이다.

신적인 존재이지만 생김새는 거대한 뱀과 같고 또 어떤 부분은 조
류와 같다고 한다. 혹은 상반신은 여자, 하반신은 뱀으로 그려지기도
한다. 티아마트는 세계의 근본인데 신과의 싸움에서 진 후 그녀의 사
체가 결국 대지와 하늘이 되었기 때문이다. 그녀의 눈은 유프라테스
강과 티그리스강이 되었다고도 한다.

• 분류	• 출몰 지역	• 출몰 시기	• 기록 문헌
신	미상	태고적	아카드 및 수메르 신화

• 특징
바다를 지배하는 신. 죽은 후 몸이 하늘과 땅으로 변했다.

◉ 구전 및 문헌 내용

• 신화에서 티아마트는 열한 마리의 괴수와 함께 신 '마르두크 Marduk'와 전투한다. 전투에 등장하는 열한 마리의 괴수는 칠두 사(일곱 머리의 뱀), 용, 독사, 라함, 사자, 개, 전갈 인간, 전갈 뱀, 남서풍의 악마 파주주, 인어 오안네스, 날개 달린 소다.

• 신화에 등장한 티아마트에 대한 이야기는 다음과 같다.

태초에는 신 티아마트와 담수의 화신 압수Apsu가 있었다. 이후에 신들이 늘어나 문제가 생기자 압수는 자신의 신하인 뭄무를 데리고 티아마트를 찾아가 이들을 없애자고 설득했다. 하지만 티아마트는 반대했고 결국 압수와 뭄무는 다른 신들과 싸우기로 했다. 하지만 압수는 신 엔키에게 죽임을 당하고 결국 티아마트도 후에 다른 신들과 싸우게 된다. 대적한 것은 마르두크인데 결국 티아마트는 패하여 죽임을 당하고 몸의 반은 하늘이, 나머지 반은 대지가 됐다.

파사

巴蛇

중국

거대 구렁이로, 얼마나 거대한지 코끼리를 먹으면 3년이 지나야 그 코끼리뼈를 뱉어낸다고 한다. 오늘날의 후난성湖南省 악양현岳陽縣 지역에 거대한 능이 있는데, 이 능이 바로 파사가 죽고 난 후 그 뼈에 흙이 쌓여 생긴 것이다. 이를 '파능巴陵'이라고 한다.

푸른색과 노란색, 붉은색과 검은색을 고루 띠거나 온몸은 푸르고 머리만 검다는 설도 있다. 어느 쪽이든 위압적인 것은 마찬가지다. 궁수인 '예羿'에 의해서 죽임을 당했고, 파사를 먹으면 가슴과 배의 질병이 사라진다고 한다.

• 분류	• 출몰 지역	• 출몰 시기	• 기록 문헌
괴물	동정호 인근	미상	《산해경》, 《원화군현도지》

• 특징
거대한 구렁이로, 코끼리를 먹으면 3년이 지나야 뼈를 뱉어낼 정도로 크다.

◉ 구전 및 문헌 내용

• 《원화군현도지》에는 다음과 같은 파사의 이야기가 기록돼 있다.
  과거에 예가 파사를 동정호에서 죽였다. 그 뼈가 능과 같아 파
  능이라 한다.

• 《산해경》에도 짧지만 정확한 파사에 대한 이야기가 기록돼 있다.
  파사는 코끼리를 잡아먹는데 3년이 지나야 그 코끼리뼈를 뱉어
  낸다. 파사를 먹으면 배와 가슴의 질병이 사라진다. 파사는 뱀과
  같이 생겼는데 황색, 청색, 적색, 흑색을 띤다. 혹은 흑색에 머리
  만 푸르다고도 한다.

파주주

Pazuzu

이라크, 이란

남서풍의 악마라고도 불린다. 개의 머리를 하고 이마에 뿔이 나 있다. 또 독수리의 발, 전갈의 꼬리, 사자의 발톱을 가지고 있으며 등에는 네 장의 날개가 있다.

사막에 불어오는 열풍은 매우 뜨겁고 독기가 서려 있는데, 이는 파주주가 만든 것이다. 파주주의 바람에 맞으면 이름 모를 전염병에 걸리거나 큰 재앙을 맞을 수 있다. 그래서 사막을 오가는 이들에게는 꽤 무서운 존재다. 또 마음만 먹으면 무엇이든 태워버리는 뜨거운 바람을 만들어낼 수 있다고도 한다.

메소포타미아 지역의 여성 마물인 '라마슈투Lamashtu'의 남편이기도 하다.

• 분류	• 출몰 지역	• 출몰 시기	• 기록 문헌
귀물	사막 지역	상시 출몰	아카드 및 수메르 신화

• 특징
사막에 부는 열풍을 만들어내는 악한 귀물. 무엇이든 태워버리는 바람을 만든다.

◉ 구전 및 문헌 내용

• 신화에 의하면 파주주는 삼나무의 괴물 '훔바바'와 형제지간으로 알려져 있다. 민간에서 파주주는 죽음의 바람을 만들고 또 수많은 언어를 구사하며 텔레파시를 사용한다고 알려져 있다. 파주주는 악마임에도 불구하고 석상이나 조각으로 많이 표현돼 있는데, 이는 다른 악마들이 파주주의 석상을 보고 도망갈 것이라는 믿음이 있었기 때문이다.

• 파주주를 대표하는 모습으로는 루브르박물관에 전시된 소형 브론즈상이 있다. 이 상에서 파주주는 알몸의 남자로 표현됐고, 오른손은 위를 왼손은 아래를 향한다. 또 날개는 네 쌍이고 화난 개의 얼굴을 하며 발목에는 두툼한 털이 나 있다. 파주주는 보드게임이나 소설, 만화 등의 창작물에서 악마로 자주 등장한다.

팔대왕

八大王

중국

인간의 모습을 한 자라로, 이마에 흰 점이 있다. 술을 마시면 주사가 심해 지나가는 인간에게 시비를 걸기도 하고 공격하기도 한다. 심지어 주사 때문에 옥황상제의 심기를 건드려 섬으로 귀양을 갈 정도다 (물론 귀양을 가서도 술을 끊지 못한다).

팔대왕은 입속에 작은 난쟁이 하나를 넣고 다닌다. 이 난쟁이를 사람 몸에 넣으면 그 사람은 땅속에 있는 이상한 보물을 찾아낼 수 있다. 일종의 투시력을 부여하는 셈이다. 또 난생처음 보는 물건의 이름도 알 수 있다. 다만 이 난쟁이를 오래 몸에 담고 있으면 정기를 가져가 수명이 준다. 그렇기에 어느 정도 시간이 지나면 반드시 제거해야 한다.

• 분류	• 출몰 지역	• 출몰 시기	• 기록 문헌
괴물	임조현	미상	《요재지이》

• 특징
자라가 변한 인간으로, 주사가 심하고 입안에 이상한 난쟁이를 넣고 다닌다.

◉ 구전 및 문헌 내용

• 《요재지이》에 팔대왕에 대한 이야기가 실려 있는데 이를 정리
하면 다음과 같다.

임조현臨洮縣에 사는 풍생馮生은 흰 점이 박힌 이상한 자라를 방
생한 일이 있었다. 어느 날 그가 집에 돌아가는 길에 한 취객이 시
비를 걸었다. 이에 두 사람은 옥신각신하게 되었는데 갑자기 취
객이 풍생을 알아보았다. 알고 보니 풍생이 놓아준 자라였던 것
이다. 자라는 자신을 팔대왕이라 소개하고 은인의 얼굴을 몰라본
것에 미안해하며 따로 술자리를 갖자고 했다. 술자리에서 팔대왕
은 자신의 주사에 대해 사과했고 풍생은 주사를 고치기를 충고
했다. 팔대왕은 알고 보니 옥황상제의 심기를 건드려 섬에서 귀향
중이었던 것이다. 팔대왕은 은인에게 보답을 하고자 입에서 작은
난쟁이를 꺼내었고 손톱으로 풍생의 팔뚝 살을 꼬집어 상처 낸
뒤 난쟁이를 집어넣었다. 조금 뒤 그곳이 살짝 부풀어 올랐다. 팔
대왕과 헤어진 풍생에게는 땅속에 있는 보물을 알아보는 능력이
생겼다. 또 처음 보는 물건의 이름도 알아채는 능력이 생겼다. 후
에 팔대왕은 풍생을 찾아와 팔뚝을 물어뜯어 난쟁이를 회수해갔
는데 난쟁이가 몸에 있으면 정기를 해쳐 수명을 단축시키기 때문
이었다. 팔대왕은 풍생의 충고를 들은 후 술을 끊었다고 한다.

팽후

彭侯

중국

고목 속에 살고 있는 정령으로, 주로 커다란 녹나무 안에 있다. 나무를 베다 나무에서 빨간 피가 흘러나오면 팽후가 안에 있는지를 의심해야 한다. 팽후는 사람 얼굴에 개의 몸을 가진다. 혹은 꼬리가 없는 검둥개처럼 보이기도 한다. 팽후는 식용으로도 쓰이는데 주로 삶아 먹는다. 이렇게 요리한 팽후는 개고기 맛이 난다.

천 년 묵은 나무에는 팽후가 아닌 '고비賈胇'라는 정령이 사는데, 이는 돼지와 같이 생겼다. 이 역시 식용이 가능하며 삶아 먹으면 팽후와 비슷한 맛이 난다. 팽후나 고비는 사람을 해치는 정령이 아니다.

• 분류	• 출물 지역	• 출몰 시기	• 기록 문헌
정령	오래된 나무 속	상시 출몰	《백택도》, 《수신기》

• 특징
오래된 나무에 사는 정령으로, 얼굴은 사람이고 몸은 개다.

◉ 구전 및 문헌 내용

• 《수신기》에는 팽후에 대한 다음과 같은 기록이 있다.

오나라 선주 때 건안建安 태수 육경숙陸敬叔이 오래된 녹나무를 벨 일이 있었다. 녹나무를 도끼로 내려치는데 갑자기 나무에서 피가 철철 흐르는 것이다. 결국 나무를 벴는데 그 안에 사람의 얼굴을 하고 개의 몸을 가진 이상한 짐승이 있었다. 육경숙은 이 짐승이 팽후라는 것을 알고 삶아 먹었는데 맛이 개고기와 같았다.

• 《백택도》에도 팽후에 대한 다음과 같은 기록이 있다.

나무의 정령을 팽후라 한다. 팽후는 까만 개와 같이 생겼고 꼬리가 없다. 또 삶아서 먹을 수 있다. 천 년된 나무에는 고비라는 정령이 사는데 돼지와 비슷하게 생겼고 잡아서 먹으면 맛이 개와 같다.

포총

Pocong

인도네시아

중국의 '강시'와 비슷한 인도네시아의 유명 귀물이다. 인도네시아에서는 사람이 죽으면 시신의 목과 다리 등을 천으로 덮고 여섯 등분으로 나눈 후 싸매는 풍습이 있다. 이렇게 싸맨 시신을 포총이라 한다.

포총을 땅에 묻기 전에는 반드시 묶었던 끈을 풀어야 하는데, 이를 깜빡하면 영혼이 빠져나가지 못하고 천에 갇힌다. 그렇게 천에 싸인 포총이 땅에 나와 움직이는 것이다.

• 분류	• 출몰 지역	• 출몰 시기	• 기록 문헌
귀물	인도네시아 일대	상시 출몰	인도네시아 전설

• 특징
천으로 싸맨 시신으로, 혼이 빠져나가지 못해 콩콩콩 뛰어다닌다.

포총은 몸에 묶인 천 때문에 움직이는 데 제약이 있다. 그래서 강시처럼 콩콩콩 뛰어다닌다. 이 모습은 괴기스럽지만 우습기도 하다.

◉ 구전 및 문헌 내용

• 인도네시아 전설에 의하면 포총이 되는 이유는 다음과 같다. 사람이 죽으면 혼이 시체와 40일 동안 함께 있다가 40일이 지난 후 빠져나간다고 믿는다. 40일이 지났을 때에도 묶은 천이 풀려 있지 않으면 결국 천 밖으로 빠져나가지 못하고 귀물 포총이 되는 것이다.

프레타

Preta

한국, 중국, 인도, 일본

죽은 후 자손의 공물이 끊기면 그 영혼은 프레타가 되는데, '아귀餓
鬼'라고도 한다. 검은 피부에 팔과 다리, 목은 비쩍 말랐고 배는 불룩
튀어나왔다. 목은 바늘구멍처럼 얇고, 배는 산처럼 커서 아무리 먹어
도 배가 고프다. 즉, 늘 굶주린 상태로 배회하는 것이다. 입에서 불을
뿜기도 하는데 그 불에 달려드는 벌레를 먹기도 한다.

자신의 선조가 프레타가 되지 않기 위해서는 자손들이 일정 주기
마다 제를 올리고 공물을 바쳐야 한다. 프레타는 인도뿐 아니라 중
국, 한국, 일본에도 등장하는 요괴로 문헌이나 탱화 등에서 찾아볼
수 있다.

• 분류	• 출몰 지역	• 출몰 시기	• 기록 문헌
귀물	전국 각지	상시 출몰	《대지도론》

• 특징
항상 배고픈 귀물로, 목구멍은 바늘 같이 좁고 배는 산처럼 크다.

◉ 구전 및 문헌 내용

•《대품반야경》의 주석서인《대지도론》에는 아귀의 성격이 다음
과 같이 기록돼 있다.

아귀는 배가 산과 같고 목구멍은 바늘과 같다. 검은 피부와 힘
줄, 뼈로만 이루어져 있고, 긴 시간 동안 음식은 듣지도 보지도
못했다. 아귀 중에는 입으로 불을 뿜는 것이 있는데 날아다니는
벌레가 불에 몸을 던지면 음식으로 삼는다. 대변, 눈물, 침, 고름,
피 등이나 음식 찌꺼기도 먹는데 제사 후 남은 음식을 먹기도
한다. 이처럼 다양한 아귀가 있다.

하시히메

橋姫 はしひめ

일본

이름을 풀이하면 '다리 공주'라는 뜻으로, 다리에 깃들어 있는 여성 정령으로서 마을을 수호하거나 나쁜 재액을 막아준다. 다만 용모가 수려하지 못하고 왜소해서 많은 이의 사랑을 받지는 못해 배우자나 연인이 없다. 그래서 다른 연인 관계를 질투하는 일이 종종 있다. 하지만 이는 전설이나 기록마다 다르며, 매우 아름답게 묘사되기도 한다.

특히 《고금와카집》의 기록에 의하면 머리카락이 다섯 갈래로 뿔처럼 나고 몸이 붉으며 소나무 가지를 입에 물었는데 양쪽으로 불이 붙어 있는 모습이라고 한다. 또 철륜(쇠로 만든 받침대의 일종)을 뒤집

• 분류	• 출몰 지역	• 출몰 시기	• 기록 문헌
정령	다리 근처	상시 출몰	《검권》, 《고금와카집》, 《화도백귀야행》

• 특징
다리에 깃들어 있는 여성 정령. 다른 연인을 질투한다.

어 머리에 쓰고 있는데, 철륜의 다리마다 끼워진 초에도 불이 붙어 있는 모습이다.

◉ 구전 및 문헌 내용

• 《화도백귀야행》에는 하시히메가 어떻게 생겨난 정령인지 기록돼 있다.

하시히메의 신사는 산성의 국자치교에 있다. 하시히메는 용모가 추하고 왜소한데 그렇기에 배우자가 없다. 이렇게 혼자인 것을 원망하며 남의 연인 관계에 대해 투덜대고 질투한다.

• 명검名劍들의 전설이 수록된 《검권》에는 하시히메에 대한 다음과 같은 이야기가 기록돼 있다.

헤이안 시대 초, 사가 천왕 때 한 질투 심한 여자가 있었다. 이여인은 신사에 있으면서 일주일 동안 질투하는 다른 여자를 죽일 수 있게 해달라고 기도했고 이를 본 신은 귀신으로 분장하고 강에 뛰어들라고 했다. 이 여인은 집에 돌아가 귀신으로 분장했는데 머리는 다섯 갈래로 나눠 뿔처럼 만들고 피부에 주사를 발라 붉게 했으며 철륜을 거꾸로 머리에 썼다. 그리고 철륜마다

초를 꽂아 세 개의 불을 피웠고 입에는 관솔불을 양쪽에 붙여 물었다. 이렇게 다섯 개의 불을 밝히며 걷다가 강으로 뛰어들었다. 이 모습이 너무 끔찍하여 보는 이들이 모두 충격에 쓰러졌다고 한다. 그렇게 그녀는 정령이 되었고 질투가 나는 모든 이들을 죽였다.

하타히로

機尋 はたひろ

일본

아내가 집 나간 남편을 원망하며 베를 짜면 생기는 괴물로, 베로 짠
천은 원망이 깃든 뱀이 되어 남편을 찾아간다. 이는 사물이 요괴로 변
화한 것인데 일본에서 자주 볼 수 있는 유형이다. 비슷한 요괴로는
'사대'가 있다. 사대는 중국 《박물지》에 '허리띠를 차고 자면 뱀의 꿈
을 꾼다'라는 말에서 나온 요괴다. 사대는 여자의 질투가 허리띠에 씌
어 남자의 목을 조르는 뱀으로 변한 것이다. 허리띠가 뱀처럼 스멀스
멀 움직인다고도 한다. 이 두 괴물은 모두 직물이 변하여 다른 존재
가 된 특이한 경우라고 할 수 있다.

• 분류	• 출몰 지역	• 출몰 시기	• 기록 문헌
귀물+사물	미상	미상	《화도백귀야행》

• 특징
남편에 대한 원망이 천에 스며 뱀이 되어 남편을 찾으러 간다.

◉ 구전 및 문헌 내용

• 《화도백귀야행》에 기록된 하타히로에 대한 내용은 다음과 같다.
'기심'은 어떤 여자가 외출을 하여 원망하는 마음으로 베를 짜면
생기는 것이다. 그 원망이 너무 커 뱀이 되어 남편을 찾아간다.

한냐

般若 はんにゃ

일본

'반야般若'란 불교 용어로, 속세의 모습을 벗어나기 위한 근본적인 지혜를 말한다. 하지만 일본 요괴 한냐는 이와 전혀 상관이 없다.

　만화책이나 영화에 종종 등장하는 이 괴물은 가면으로도 유명하다. 한냐의 가면을 '한냐노멘般若の面'이라고 하는데, 이 모습을 보면 흉악한 생김새를 알 수 있다. 기다란 두 개의 뿔과 눌린 눈, 뾰족한 송곳니와 찢어진 입은 보는 이로 하여금 소름 돋게 한다. 한냐는 질투심이 극에 달해 무섭게 변한 여성 귀물로, 질투심이 강한 이를 말할 때도 한냐라고 한다. 생김새에 비해 기록이 많은 귀물은 아니다.

• 분류	• 출몰 지역	• 출몰 시기	• 기록 문헌
귀물	미상	미상	《화도백귀야행》

• 특징
질투심이 극에 달해 무섭게 변한 여성 귀물로, 생김새가 흉악하다.

◉ 구전 및 문헌 내용

• 《화도백귀야행》에 한냐에 대한 짧은 기록이 있다. 한냐는 원래 경전의 이름으로 고해를 건너는 자비로운 항해를 말한다. 질투하는 여자 귀신더러 한냐라고도 하는데, 이는 아오이노 우에의 노래에 로쿠조노 미야스도코로의 원령이 오면 경을 독송하며 퇴치하는 것에서 유래했다고 한다.

한발

旱魃

중국

큰 가뭄 자체를 의미하는 이름인 만큼 가뭄을 관장하는 괴물로, '한모旱母', '학猲'이라고도 하고 남쪽 지역에 거주한다. 한발이 나타나면 큰 가뭄이 드는데, 영향이 미치는 범위는 1천 리(약 392.7km) 정도다. 그렇기에 백성들이 가장 무서워하는 괴물 중 하나다.

한발은 늘 상의를 탈의하고 다니며 정수리에 눈이 붙어 있다. 크기는 매우 작은데 신장이 2~3척(약 60~90cm)으로 바람처럼 빠르게 움직인다. 한발을 잡기는 쉽지 않지만 만약 한발을 잡아 변기통에 넣으

• 분류	• 출몰 지역	• 출몰 시기	• 기록 문헌
괴물	남쪽 지역	미상	《신이경》

• 특징
가뭄을 일으키는 존재로, 바람처럼 빠르며 매우 작다.

면 한발은 죽고 가뭄도 해결된다. 혹은 살아 있는 채로 잡아다가 죽이면 재앙이 사라진다고도 한다.

◉ 구전 및 문헌 내용

• 《신이경》에 가뭄을 일으키는 귀신인 한발에 대한 기록이 있다.
  남쪽에 있는 누군가는 두세 척 키에 상의를 입지 않고 바람과 같이 재빠르다. 눈은 정수리에 붙어 있는데 이름이 발이라고 한다. 발이 나타나면 나라에 큰 가뭄이 든다. 가뭄은 천 리까지 들며 땅은 갈라지고 마른다. 발은 한모, 학이라고도 불린다. 사람들이 붐비는 곳에 잘 나타나며 잡아서 변기통에 넣으면 발은 죽고 가뭄도 사라진다. 혹은 산 채로 잡아 죽이면 재앙이 사라진다.

합유

合窳

중국

섬산剡山에 사는 괴물로, 염산은 금과 옥이 많은 산으로 알려져 있다.

합유는 돼지와 비슷하게 생겼으나 사람의 얼굴을 하고 있다. 몸은 전반적으로 노란 빛깔을 띠고 꼬리만 붉다. 합유의 울음소리는 마치 어린아이의 것과 같은데 이를 통해 사람을 유인해 잡아먹기도 한다. 사람 먹는 것을 좋아하지만 가리지 않는 식성으로, 다양한 곤충, 뱀 등 닥치는 대로 먹는다.

합유는 물의 기운이 강해 나타나면 항상 홍수가 일어난다. 이 밖에 홍수를 일으키는 괴물은 날개 달린 기괴한 물고기인 '나어贏魚'가 있다.

• 분류	• 출몰 지역	• 출몰 시기	• 기록 문헌
괴물	염산	미상	《산해경》

• 특징
홍수를 불어오는 괴물로, 돼지와 비슷하나 사람의 얼굴을 하고 있다.

◉ 구전 및 문헌 내용

• 《산해경》에 기록된 합유에 대한 내용은 다음과 같다.

섬산에 있는 짐승은 마치 돼지와 같았다. 얼굴은 사람과 같은데 몸은 노르스름하고 꼬리는 붉었다. 이 짐승의 이름은 합유다. 합유는 어린아이처럼 울음소리를 내며 사람을 잡아먹는다. 또 뱀과 곤충도 잡아먹는다. 합유가 세상에 나타나면 홍수가 크게 난다.

해치

獬豸

한국, 중국

중국 전설에 등장하는 괴물로, 동북 지방의 황량한 땅에 서식한다. 요堯임금 때 나타난 것으로 알려져 있는데, 신선이 먹는 먹구슬 나무 열매를 먹는다. 양과 비슷하고 뿔이 하나에 털은 푸른빛이고 발의 생김새는 곰과 같다.

　해치는 천성이 정의롭고 착하며 정직한데 시시비비를 가릴 줄 알며 잘못한 이를 들이받고 거짓말하는 이를 물어뜯는다. 한국의 해치는 물의 기운이 강한 신수로 등장하는데, 이는 한국에서 바다의 의미가 담긴 글자 '해海'를 표기에 사용하는 경우가 있어 그러하다. 한국에서도 해치는 정의로운 신수로 기록된다.

• 분류	• 출몰 지역	• 출몰 시기	• 기록 문헌
괴물	동북 지방	요임금 때	《산해람》,《신이경》, 《이물지》

• 특징
정의롭고 정직한 신수로, 시시비비를 가리고 잘못한 이들을 들이받는다.

◉ 구전 및 문헌 내용

• 《신이경》에는 해치에 대한 이야기가 다음과 같이 기록돼 있다.

동북 지방에는 양과 같고 뿔이 하나인 짐승이 있다. 이 짐승의 털 색깔은 푸르고 발의 생김새는 곰과 같다. 이 짐승은 정직하고 충직한데 잘못한 이는 들이받고 거짓말하는 이는 물어뜯는다. 짐승의 이름은 해치다.

• 《산해람》에는 해치에 대한 이야기가 다음과 같이 기록돼 있다.

동쪽 나라의 산야에 해치라는 신성한 동물이 서식한다. 요임금 때 신수인 해치가 나타나 사악한 이들을 모두 가려냈다.

• 《이물지》에도 비슷한 해태의 이야기가 나온다. 다른 기록과 비슷하나 신선이 먹는 먹구슬 열매를 먹는다는 점과 주변에 파리 한 마리도 꼬이지 않는다는 점이 추가로 기록돼 있다. 이는 해태가 신수임을 보여주는 내용이다.

형천

刑天

중국

머리가 없는 인간형 괴물로, 얼핏 보면 '하경시'와 비슷하다고 생각할지 모르나 둘은 다르다. 하경시는 갑옷을 입지만 형천은 웃통을 벗고 있다. 형천은 양 젖꼭지를 눈으로 삼고 배꼽을 입으로 삼아 움직이는데 한 손에는 도끼, 한 손에는 방패를 들고 춤을 춘다. 웃어야 할지 무서워해야 할지 모를 애매한 행동이다.

원래 인간을 닮은 괴물이었으나 천제와의 싸움에 져서 머리가 상

• 분류	• 출몰 지역	• 출몰 시기	• 기록 문헌
괴물	미상	미상	《산해경》

• 특징
머리가 없고 젖꼭지를 눈, 배꼽을 입 삼아 움직이는 기괴한 괴물.

양산常羊山에 묻힌 후 머리가 없는 채로 홀로 대항해서 싸운다고 한다. 어찌 보면 포기하지 않는 의지의 괴물이기도 하다.

◉ 구전 및 문헌 내용

• 《산해경》에 기록된 형천에 대한 내용은 다음과 같다.

형천이 천제와 신의 지위를 놓고 전투했다. 승리한 천제는 형천의 머리를 잘라 상양산에 묻었다. 이에 형천은 젖꼭지를 눈으로 삼고 배꼽을 입으로 삼아 방패를 들고 춤을 췄다.

호네온나

骨女 ほねおんな

일본

호네온나는 원래 중국 귀물이었으며 일본에서 영향을 받아 재생산된
것으로 추정된다.

호네온나는 해골의 모습으로 모란등롱(牡丹燈籠, 모란으로 장식된 등
롱)을 들고 길거리를 돌아다닌다. 혹은 아름다운 미녀의 모습으로 돌
아다니며 남자를 현혹하는데 시녀를 데리고 다니기도 한다. 현혹된
남자는 호네온나와 사랑을 나눌수록 정기를 빼앗겨 나중에는 해골
처럼 야위고 푸석푸석해진다. 호네온나를 퇴치하는 방법은 없으나 침
대나 문에 부적 등을 붙이면 오지 못한다.

• 분류	• 출몰 지역	• 출몰 시기	• 기록 문헌
귀물	밤거리	미상	《모란등기》, 《화도백귀야행》

• 특징
해골의 모습으로 길을 돌아다니는 여인으로, 남자의 정기를 흡수한다.

◉ 구전 및 문헌 내용

• 《화도백귀야행》에 호네온나에 대한 이야기가 짧게 실려 있다.

이 요괴는 하녀처럼 보이는 늙은 여자의 해골이다. 모란등롱을 가지고 다니며 인간과 교제하고 싶어 한다. 《전등신화》 중 《모란등기》에 실려 있다.

• 《전등신화》에 실린 《모란등기》의 이야기는 다음과 같다.

교喬라는 청년이 어느 날 길에서 한 여인과 시녀를 보게 된다. 이 여인은 모란등롱을 들고 있었는데 매우 아름다웠다. 빨간 치마에 녹색 옷을 입은 여인의 이름은 부려경符麗卿이었는데, 둘은 첫눈에 빠져 매일 밤 교의 집에서 사랑을 나누었다. 그런데 여인과 사랑을 나눌수록 교의 안색이 나빠지고 야위어가는 것이었다. 이웃 노인이 이를 걱정해 하루는 몰래 구멍으로 둘을 보았는데 교가 해골을 끌어안고 있었다. 다음 날 노인의 이야기를 들은 교는 낮에 그녀가 사는 곳을 찾아갔는데, 호심사라는 절에 관 하나와 종이 인형이 있었다. 결국 교는 그녀가 인간이 아니었음을 알게 된다. 현묘관의 위법사에게 받은 부적을 침대에 붙이자 다시는 부려경이 오지 않았다. 한 달쯤 뒤에 교는 술에 취한 채 호심사 근처를 지나가게 되었고 부려경의 홀림에 의해 관에 끌려들어가 죽는다.

혼돈 1

渾沌

중국

혼돈은 사악한 종족인 사흉 중 하나로, 사흉은 '혼돈', '도올', '궁기', '도철'을 말하는데 이들은 매우 포악하고 지능이 뛰어나다. 그중 혼돈은 곤륜崑崙의 서쪽에 살며 생김새가 개와 같은데 털이 매우 길다. 발은 곰을 닮았으나 발톱이 없고 눈은 안 보이고 귀도 들리지 않는다. 또 머리가 좋아 인간과 같이 생각한다. 혼돈은 내장도 특이한데 오로지 창자만 있고 직선으로 돼 있어 무언가를 먹으면 바로 소화돼 변을 본다.

혼돈은 '무복無腹', '무목無目', '무이無耳', '무심無心' 등으로도 불리며 덕이 있는 이를 찾아 괴롭히고 악한 이는 잘 따른다. 하는 일이 없을 때는 꼬리를 물고 뱅뱅 돌거나 하늘을 보며 웃는다.

• 분류	• 출몰 지역	• 출몰 시기	• 기록 문헌
괴물	곤륜의 서쪽	미상	《신이경》

• 특징
사흉 중 하나. 개와 닮았고 곰의 발을 가졌으며, 의인을 공격하고 악인을 따른다.

◉ 구전 및 문헌 내용

• 《신이경》에는 괴물 혼돈에 대한 이야기가 기록돼 있다.

곤륜의 서쪽에는 한 짐승이 산다. 짐승의 생김새는 개와 닮았고 털이 길며 발이 네 개다. 발은 곰과 닮았는데 발톱이 없다. 눈이 있으나 볼 수 없고 귀가 있으나 들을 수 없으며 인간의 지성을 가지고 있다. 배에는 오장이 없고 창자는 직선이라 먹은 음식이 그대로 내려간다. 누군가 덕을 쌓았다고 하면 가서 괴롭히고 흉악한 이는 따르는데 이는 천성이다. 이 짐승의 이름은 혼돈이며 무복, 무목, 무이, 무심으로도 불린다. 또 미련하게 하는 일 없이 자신의 꼬리를 물고 빙빙 돌기도 하며 하늘을 보고 웃기도 한다.

혼돈 2

渾沌

중국

전설에 등장하는 왕. 마치 우리나라의 달걀귀처럼 얼굴에 아무것도 없지만 의사소통을 하는 데는 문제가 없다.

혼돈은 세상 중앙에 있는 나라의 왕이며 나름 예의가 바르다. 치명적인 약점은 규칙이 생기면 혼돈의 천성과 어긋나 죽는다는 것이다. 혼돈은 남해의 왕 '숙儵'과 북해의 왕 '홀忽'이 뚫어준 얼굴의 일곱 개 구멍 때문에 사망한다.

• 분류 괴물	• 출몰 지역 세상의 중앙	• 출몰 시기 미상	• 기록 문헌 《장자》
• 특징 혼돈이 천성인 왕으로, 규칙이 생기면 죽는다.			

◉ 구전 및 문헌 내용

• 《장자》에 전설의 왕 혼돈에 대한 이야기가 실려 있는데 내용은
  다음과 같다.

  남해의 왕 숙과 북해의 왕 홀이 중앙의 왕 혼돈과 만났다. 중앙
  에서 만났는데 혼돈은 이 둘을 극진히 대접했다. 숙과 홀은 성
  대한 대접에 감격하여 이에 보답하고자 혼돈의 얼굴에 구멍을
  뚫어주기로 했다. 사람은 일곱 개의 구멍으로 보고, 듣고, 먹고,
  숨 쉬는데 혼돈은 그 구멍이 없었기 때문이다. 그렇게 하루에 하
  나씩 얼굴에 구멍을 뚫어주었고 7일째 되는 날 혼돈은 죽고 말
  았다.

환

患

중국

우울과 상실의 기운이 응결되어 만들어진 괴물로, 주로 감옥이 있는 곳이나 전쟁터 등 어두운 기운이 많은 곳에서 생겨난다. 퇴치법은 매우 독특한데 우울함은 술로 잊을 수 있기에 술을 뿌리면 퇴치할 수 있다고. 이런 감성적인 퇴치법과 어울리지 않게 생김새는 거칠다. 환은 소를 닮은 네발짐승인데 눈이 파랗고 눈동자에서는 광채가 난다. 또 몸집이 매우 크고 무게가 무거운데 네발이 흙 속에 파묻혀 있는 경우가 많다. 주로 그 자리에서 쾅쾅 내며 발을 구르는 모습을 보인다.

• 분류	• 출몰 지역	• 출몰 시기	• 기록 문헌
괴물	감옥이 있는 터, 전쟁터	한무제 때	《수신기》

• 특징
우울과 상실의 기운이 뭉쳐서 만들어진 괴물로, 네발짐승을 닮았다.

◉ 구전 및 문헌 내용

• 《수신기》에 술을 부어 없애는 괴물 환이 등장한다.

> 한무제가 동쪽을 순찰하던 때다. 갑자기 어느 괴물이 나타나 길을 가로막았는데 소와 닮았고 눈은 시퍼런 빛을 띠었다. 또 눈동자에서는 광채가 뿜어져 나왔다. 이 괴물은 크기가 크고 무게가 무거웠는데 발이 모두 땅속에 파묻혀 있었다. 그리고 발을 동동 구르고 있는 모습을 보였다. (…) 동방삭이 말했다. "이 괴물은 환이라고 하는데 우울과 상실의 기운이 모여 생기는 괴물입니다. 여긴 진나라의 감옥이 있던 땅입니다. 술이란 이런 우울과 상실을 잊게 해줍니다. 그렇기에 술을 부으면 이 괴물이 사라지는 것입니다."

환두

驩頭

중국

남쪽 변방에 사는 괴물로, 사람의 얼굴을 하고 부리가 새처럼 나 있
다. 또 날개가 달려 있는데, 날개를 지팡이 삼아 걸어 다니기도 한다.
주로 물고기를 잡아먹고 조, 상추, 벼, 버들 등 식물을 먹기도 한다.
성격은 거칠고 독하며 간사하다. 끈기가 있어 괴물이나 짐승과 싸우
면 누구 하나가 죽어야 끝이 난다. 한두는 폭풍우가 몰아쳐도 겁내지
도, 개의치도 않는다.

• 분류	• 출몰 지역	• 출몰 시기	• 기록 문헌
괴물	남쪽 변방	미상	《박물지》,《산해경》, 《신이경》

• 특징
사람 얼굴에 새 부리를 한 인간형 괴물로, 날개가 있지만 잘 날지 못한다.

환두를 시조로 하여 생긴 나라가 환두국驩頭國인데 기록에 의하면 이 나라 사람들은 모두 환두와 비슷하게 생겼고 신선 같다고 한다.

◉ 구전 및 문헌 내용

• 《신이경》에 환두에 대한 이야기가 다음과 같이 기록돼 있다.

남쪽 변방 중앙에 한 사람이 있는데 얼굴에 새 부리가 있고 새 날개를 가지고 있다. 날개를 지팡이 삼아 걸으며 물고기를 잡 아먹는다. 그를 환두라고 한다. 성격이 거칠고 독하고 간사한데 폭풍우도 두려워하지 않고 짐승과 싸우면 끝이 날 때까지 계속 한다.

• 《박물지》와 《산해경》에는 《신이경》과 비슷한 내용이 기록돼 있 으며, 환두가 조, 상추, 벼, 버들 등을 먹는다는 내용이 추가로 기재되어 있다. 또 환두가 환두국의 시초라는 내용도 기록돼 있다.

효토쿠

ひょうとく

일본

일본 애니메이션이나 미디어, 사진 등에 자주 나오는 가면을 닮은 요괴. 우스꽝스러운 얼굴을 하고 있는데 특히 입 부분이 삐죽 나와 있고 눈동자는 각기 다른 방향을 향해 있다.

효토쿠는 물의 정령으로 수신의 심부름을 하는 존재다. 효토쿠의 배꼽에서는 금가루가 나오는데 이를 하루에 세 번 젓가락으로 살살 긁어낼 수 있다. 하지만 황금 알을 낳는 거위처럼 욕심 내어 배꼽을 마구 쑤시면 효토쿠가 죽으니 주의해야 한다.

효토쿠 가면을 집에 걸어두면 집안이 번성한다. 그래서 일본 가정집에 효토쿠 가면이 걸려 있거나 축제에서도 사용하는 경우가 많다.

• 분류	• 출몰 지역	• 출몰 시기	• 기록 문헌
정령	미상	상시 출몰	민간 전설

• 특징
물의 정령으로 수신의 심부름을 하는 존재. 배꼽에서 금가루가 나온다.

◉ 구전 및 문헌 내용

• 일본에서 전해지는 효토쿠 전설을 살펴보면 다음과 같다.

옛날에 할머니와 할아버지가 살았다. 할아버지는 산에 나무하러 갔는데 이상한 구멍을 발견했다. 구멍은 재앙의 근원이라 생각했기에 할아버지는 장작으로 구멍을 막으려 했다. 하지만 장작을 아무리 넣어도 막히지 않았다. 그러던 중 구멍에서 아름다운 여인이 나와 목례했고 할아버지를 굴 안으로 이끌었다. 굴에 들어간 할아버지는 아름다운 전각이 있는 세상에 도달했다. 할아버지가 구경 후 돌아가려 하자 선물을 받았는데 배꼽을 만지작거리는 못생긴 아이였다. 아이는 집에 와서도 배꼽을 여전히 만지작거렸고 할아버지가 살살 젓가락으로 배꼽을 긁자 금가루가 흘러내렸다. 할아버지는 하루에 세 번 금가루를 수거했고 큰 부자가 되었다. 하지만 할머니는 이에 만족 못하고 결국 할아버지가 없는 사이에 젓가락으로 아이의 배를 세게 후볐다. 그러자 아이는 죽었다. 이에 할아버지가 매우 슬퍼했는데 하루는 아이가 할아버지 꿈에 나타나 기둥에 자기 닮은 가면을 걸면 집이 번창할 거라고 했다.

후나유레

船幽靈 ふなゆうれい

일본

우리나라의 물귀신과 비슷한 존재로, 주로 안개가 끼거나 바람이 셀 때 혹은 파도가 높이 몰아칠 때 나타난다. 이런 날씨일 때 어렴풋이 바다 위에 사람 형태가 보이는데 이것이 바로 후나유레다. 전설에 의하면 억울하게 바다에서 빠져 죽은 이들이 후나유레가 된다고 한다.

후나유레는 지나가는 배의 노를 잡거나 갑판을 잡고 계속해서 국자를 달라고 하는데, 이때 국자를 주면 바닷물을 길어서 배에 붓는다. 이 행동은 배가 가라앉을 때까지 반복된다. 이를 막기 위해서는 밑 빠진 국자를 준비해야 한다. 이를 주면 후나유레는 미련하게도 밑 빠진 국자로 물을 부으려다가 날이 좋아지면 사라진다.

• 분류	• 출몰 지역	• 출몰 시기	• 기록 문헌
귀물	바다	상시 출몰	《화도백귀야행》

• 특징
바다에 나타나는 망자. 국자를 선원에게 빌려서 물을 길어 배를 침몰시킨다.

◉ 구전 및 문헌 내용

• 《화도백귀야행》에는 기록된 후나유레에 대한 내용은 다음과
  같다.

  서국 또는 북국 바다 위에 바람이 거세게 불거나 파도가 몰아치
  면 나타난다. 파도 위에 사람 모양을 한 것이 어렴풋이 보이며
  밑 빠진 국자로 물을 깃는 일이 생긴다. 이를 배 유령이라고 한
  다. 이것은 이동하는 배의 노를 잡는데 행방불명된 영혼들이다.

후타구치온나

二口女 _{ふたくちおんな}

일본

머리 뒤에 입이 하나 더 달린 여성 괴물로, 인간 여자처럼 생겼으나 뒤통수를 들춰보면 입술, 치아, 혀가 있는 입이 하나 더 있다. 이 입으로 먹기도 하고 말도 한다. 소화기관이 따로 있는지 평소의 배를 더 먹기도 하는데, 음식을 먹는 속도도 매우 빠르다. 머리카락을 촉수처럼 사용해 음식물을 집어 입으로 넣는데, 입으로 머리카락까지 조절할 수 있는 듯 보인다.

원한이나 천벌 등으로 인해 사람의 뒤통수에 생기기도 하는데 엄청난 통증을 동반하며 끊임없이 먹을 것을 넣어야 한다. 또 뒤에서 계속 속삭이기에 정신병이 걸릴 정도라고.

• 분류	• 출몰 지역	• 출몰 시기	• 기록 문헌
괴물	시모사국	상시 출몰	《회본백물어》

• 특징
뒤통수에 입이 하나 더 달린 요괴로, 끊임없이 먹고 속삭인다.

◉ 구전 및 문헌 내용

• 《회본백물어》에 기록된 후타쿠치온나에 대한 이야기는 다음과
같다.

옛날 시모사국(下総国, 현 지바현 북부와 이바라키현 남서부)에 한 계
모가 있었다. 계모는 자기 자식을 끔찍이 사랑하고 전처의 자식
은 굶기고 학대했는데 결국 전처의 아이가 굶어 죽었다. 아이가
죽은 지 49일 되던 날, 계모는 사고를 당해 뒤통수에 상처를 입
었다. 상처가 잘 아물지 않고 주변이 입술처럼 변했으며 뼈가 들
쑥날쑥해 치아처럼 보였다. 또 안에서 나오는 근육은 마치 혀
같았다. 상처는 통증이 심했는데 음식을 상처에 넣어주면 통증
이 사라졌다. 어느 날은 뒤통수의 상처가 "사과해… 사과해"라며
속삭이기도 하고 "아이를 죽였으니 천벌을 받는다"라고 말하기
도 했다.

후확

猴攫

중국

촉蜀 지역 서쪽 산야에 사는 괴물로, '가국猳國', '마화馬化', '확원攫猿', '가확猳攫' 등으로도 불린다. 원숭이처럼 생겼고 키가 7척(약 210cm)이다. 민첩하고 잘 달린다.

후확은 인간의 부녀자만 납치하여 아내로 삼는데, 남자와 여자는 냄새로 구분한다고 한다. 10년 정도가 지나면 끌려간 부녀자의 얼굴이 후확과 비슷해진다. 또 후확에게 현혹당한 부녀자는 더 이상 인간 세상으로 돌아가고 싶어 하지 않는데, 이이를 낳으면 아이와 함께 인간 세상으로 돌려보내진다. 후확과 인간 사이에서 태어난 아이는 인

• 분류 괴물	• 출몰 지역 촉나라 지역	• 출몰 시기 미상	• 기록 문헌 《박물지》, 《수신기》
• 특징 원숭이를 닮은 괴물로, 인간 부녀자를 납치하여 아내로 삼는다.			

간과 다를 바 없고, 양楊씨 성을 삼는다. 후확의 자손들은 간혹 원숭이와 비슷한 손톱을 가진다고 한다.

◉ 구전 및 문헌 내용

• 《박물지》, 《수신기》에는 후확에 대한 다음과 같은 내용이 있다.
촉나라 서남쪽 산아에는 원숭이와 비슷한 괴물이 있다. 이 괴물은 키가 7척이고 사람과 비슷하게 걷거나 달린다. 심지어 더 잘 달리기도 한다. 이 괴물은 후확인데 마화, 가확으로도 불린다. 후확은 지나가는 부녀자를 보다 마음에 들면 납치하여 가버린다. (…) 후확은 냄새로 남자와 여자를 구별하고 절대 남자를 데려가지 않는다. 데려간 부녀자는 자신의 아내로 삼고 끌려온 이는 죽을 때까지 집에 가지 못한다. 후확에게 잡혀온 지 10년이 지나면 외모도 후확과 비슷해지고 현혹되어 돌아가고 싶은 마음이 들지 않는다. 만약 아이를 낳으면 아이와 함께 원래의 집에 돌아갈 수 있다. (…) 이 아이들은 성을 양씨로 삼는다.

훔바바

Humbaba

이라크, 이란

'후와와Huwawa'라고도 불린다. 인간에게 나쁜 짓을 하거나 놀라게 하지 않고, 단지 자신의 일을 묵묵히 하는데 주요 업무는 삼나무 숲을 지키는 것이다. 훔바바는 숲에서 나는 모든 소리를 들을 수 있다. 삼나무 숲에 누가 무단으로 들어오면 쫓아내고, 쫓아내도 나가지 않으면 입에서 화염과 독기를 내뿜으며 위협한다. 그래서 '삼나무의 괴물'이라는 별명을 가지고 있다.

덩치가 매우 크고 얼굴은 동물 내장과 같은 주름으로 가득 차 있다. 어떤 전설에서는 그 모습이 사자와 같고 독수리의 발톱, 들소의 뿔을 달고 있다고도 한다. 또 꼬리와 성기의 끝이 뱀으로 돼 있다는 전설도 있다.

· 분류	· 출몰 지역	· 출몰 시기	· 기록 문헌
괴물	삼나무 숲	상시 출몰	《길가메시 서사시》

· 특징
삼나무 숲을 지키는 괴물로, 침입자에게 화염과 독기를 뿜는다.

◉ 구전 및 문헌 내용

• 전설에 의하면 바람과 폭풍우의 신 엔릴Enlil이 훔바바에게 삼나무 숲지기 직책을 부여했다고 한다. 또 훔바바와 눈이 마주치면 죽음을 맞는다.

• 《길가메시 서사시》에서는 길가메시Gilgamesh가 엔키두Enkidu와 함께 괴물을 퇴치하러 훔바바가 사는 삼나무 숲에 가는 장면이 나온다. 훔바바는 주 무기인 화염과 독기로 이들을 위협하나 길가메시가 태양신 샤마쉬Shamash에게 기도해 바람을 일으킨다. 그 바람은 훔바바의 화염과 독기를 무력화시키고 결국 훔바바는 길가메시의 도끼에 맞아 죽는다.

• 이라크 북부 도시 술라이마니아Sulaymaniyah에서 발견된 기록에는 조금 더 순한 성질의 훔바바에 대한 묘사가 실려 있다.
훔바바가 걸어가니 길이 만들어진다. 통로가 좁기는 하지만 그래도 걷기 편한 길이다. 숲을 지나니 아름다운 새들이 지저귄다. 한 비둘기가 묻고 다른 한 비둘기는 그에 답한다. 어미 원숭이는 노래하고 새끼 원숭이는 울어댄다. 마치 악단같이, 북 치는 사람같이, 훔바바가 있는 곳에서, 매일.

히노쿠루마

火の車 ひのくるま

일본

지옥에서 오는 불의 수레다. 히노쿠루마의 불은 소와 말의 머리를 가진 사람의 모습인데, 이는 불교에서 말하는 지옥 옥졸인 '우두마두'다. 히노쿠루마는 주로 사람의 영혼을 지옥으로 끌고 가는데 수레에 타는 것만으로도 고통스러워 영혼들은 소리를 지르고 발버둥 친다.

히노쿠루마가 영혼을 가져가면 그 사람은 다음 날 죽는다. 심판자의 모습을 보이기도 하는데, 히노쿠루마에 탄 귀물이 죄를 물으면 그 죄를 어떻게 사할 수 있는지 이야기해주기도 한다. 만약 산 자가 이 수레를 본다면 다가가지 않는 것이 좋다. 근처에 가면 몸이 타거나 혼절할 수 있기 때문이다.

• 분류	• 출몰 지역	• 출몰 시기	• 기록 문헌
귀물	교토 인근	메이와 때	민간 전설

• 특징
우두마두가 타고 있는 불의 수레. 지옥으로 영혼을 끌고 간다.

◉ 구전 및 문헌 내용

• 히노쿠루마에 대한 민간 전설로 다음과 같은 이야기가 있다.
메이와 때 교토의 한 하녀가 어느 날 밤에 이상한 소리가 들려
창문을 열어보니 하녀의 어머니가 희한한 수레에 태워져 끌려
가고 있었다. 우두마두와 같은 불이 수레를 감싸고 있었고 하
녀의 어머니는 고함을 지르며 힘들어했다. 하녀는 무서웠지만
고통받는 어머니를 보자 너무 슬픈 나머지 문을 열고 달려 나
갔다. 달려 나가 어머니를 끌어내리려 했지만 혼절했는데 그날
밤 타지로 간 어머니가 사망했다.

• 히노쿠루마가 승려에게 죄를 묻고, 승려가 죄를 사하는 방법을
물으면 그 방법을 알려주고 승려가 그대로 행하여 물러갔다는
전설도 있다. 이처럼 히노쿠루마는 다양한 전설과 문헌에서 찾
을 수 있다.

히마무시뉴도

火間蟲入道 ひまむしにゅうどう

일본

게으른 이가 죽으면 그 영혼이 잔류하여 히마무시뉴도가 된다. 이 귀물은 살아생전 했던 일을 그대로 하는데 바로 게으름을 피우는 것이다. 게다가 다른 사람이 일을 열심히 하려고 하면 방해하기도 한다. 주로 마루 아래에 숨었다가 등불을 켜고 밤에 작업하거나 공부하는 이들을 방해한다. 방해하는 방법은 상반신을 내밀어 등불의 기름을 핥아 먹는 것이다.

일본에서는 과거에 작업을 하다가 불이 꺼지면 히마무시뉴도의 소행이라 생각했다. 물리치는 방법은 따로 전해지지 않으며 마루에서 일을 하지 않는 것이 최선이 아닐까 싶다.

• 분류	• 출몰 지역	• 출몰 시기	• 기록 문헌
귀물	마루 밑	상시 출몰	《화도백귀야행》

• 특징
마루 밑에서 등불을 핥아 먹으며 밤에 일하는 것을 방해한다.

◉ 구전 및 문헌 내용

• 《화도백귀야행》에 기록된 히마무시뉴도의 내용을 정리하면 이렇다. 사람은 근면하게 살아야 하며 생전에 근면하지 못한 자는 죽어서 그 영혼이 열심히 일하는 자의 등불을 끈다. 히마무시뉴도의 그림도 함께 수록돼 있는데 툇마루 아래에서 상반신만 비집고 나와 등불을 끄는 모습이다.

히케시바바

火消婆 ひけしばば

일본

이름을 직역하면 '불을 끄는 노파'라는 뜻이다. 다른 곳에는 기록이 없으며 오로지 《화도백귀야행》에만 등장한다.

히케시바바는 밤에 돌아다니면서 켜져 있는 불을 끄는 할머니 귀물이다. 백발에 얼굴에는 주름이 많고 손은 매우 날카로운데 오로지 입으로 음기를 불어 불을 끈다(이때 음기는 일반인의 눈에 보이지 않는다). 갑자기 밤에 불이 꺼지거나 초롱불이 사라지면 이는 히케시바바의 소행일 확률이 높다.

히케시바바는 밤에만 나타나는데 이는 음양의 법칙에서 비롯된다. 불은 양기, 요괴는 음기인데 불을 끄는 요괴이니 음기가 양기를 누르

• 분류	• 출몰 지역	• 출몰 시기	• 기록 문헌
귀물	늦은 밤 가정집	상시 출몰	《화도백귀야행》

• 특징
밤마다 돌아다니며 불을 끄는 할머니 귀물. 입으로 음기를 불어서 끈다.

는 시점인 밤부터 활동할 수 있는 것. 양기가 강한 낮에는 불을 끄는
게 불가능하다.

◉ 구전 및 문헌 내용

• 《화도백귀야행》에는 히케시바바에 대한 이야기가 유일하게 기
록돼 있다. 안타까운 점은 그 내용이 아주 짧다는 것이다. 기록
은 다음과 같다.

　　불은 양기고, 요괴는 음기다. 해질녘 음기가 양기를 이길 때면
　　히케시바바도 존재하게 된다.

히토쓰메코조

一つ目小僧 ひとつめこぞう

일본

2월 8일, 12월 8일에 민가에 나타나는 귀물. 어린아이 정도의 크기로, 대머리에 커다란 눈이 하나 달려 있다.

히토쓰메코조는 밤에 문을 잘 잠그지 않았거나 밖에 신을 꺼내 둔 곳을 체크하는데 그곳에는 좋지 않은 일이 생기거나 전염병이 돈다. 이를 막으려면 밤에 얼기설기 구멍이 난 바구니를 밖에 걸어둬야 한다. 또 눈이 많은 것을 두려워해 이를 보면 뒤돌아보지 않고 도망간다.

• 분류	• 출몰 지역	• 출몰 시기	• 기록 문헌
귀물	전국 각지	2월 8일, 12월 8일	《괴담 노인의 지팡이》 및 민간 전설

• 특징
눈이 하나인 귀물. 밤에 신을 밖에 둔 집을 체크하고 간다.

아무도 없는 집에 나타나 물건을 만지거나 음식을 먹으며, 갑자기
길에 나타나 혀로 사람을 핥기도 한다. 이는 지역마다 내용이 조금씩
다르다.

◉ 구전 및 문헌 내용

• 《괴담 노인의 지팡이》에는 히토쓰메코조를 목격한 일이 기록돼
  있다. 기록에 의하면 한 상인이 잔금을 받으러 저택에 가서 앉
  아 있는데 열 살쯤 되어 보이는 아이가 뒤돌아서 족자를 펼쳤
  다 접었다 하는 것이었다. 상인은 족자가 망가지면 괜한 오해
  를 받을까 싶어 아이에게 하지 말라고 야단을 쳤다. 그러자 아
  이가 뒤를 돌아보았는데 눈이 하나인 것이다. 상인이 놀라 정신
  을 잃었는데 후에 주인이 말하기를 1년에 여러 번 이런 일이 생
  긴다는 것이었다. 갑자기 나타나 음식을 먹는데 누구냐고 호통
  을 치면 조용히 사라진다고. 저자는 히토쓰메코조가 나타나는
  저택의 이름을 알았지만 좋은 일이 아니었기에 책에 기재하지
  는 않았다.

히히

狒々 ひひ

중국, 일본

일본과 중국 모두 전승되는 요괴로, 중국에서는 '효양梟羊'이라고도
불린다. 커다란 원숭이의 모습으로, 원숭이가 나이를 먹으면 히히가
된다.

1714년에 이즈국伊豆国에서 히히를 잡았다는 기록이 있는데, 크기
가 7~8촌(약 2미터 34cm) 정도였다고. 히히는 머리를 풀어헤친 사람
의 모습을 하고 있는데, 매우 빠르게 달리고 사람을 낚아채 잡아먹는
다. 발꿈치가 뒤집혀 있다는 기록도 있다. 사람을 보면 웃는데 윗입술
이 너무 커서 눈이 가려진다.

• 분류	• 출몰 지역	• 출몰 시기	• 기록 문헌
괴물	중국, 일본의 이즈국	쇼토쿠 4년	《산해경》,《이아》, 《화도백귀야행》

• 특징
나이 많은 원숭이가 변한 요괴로, 매우 크며 사람을 잡아먹는다.

◉ 구전 및 문헌 내용

• 《화도백귀야행》에 기록된 히히는 외향적인 설명보다 난폭함에
 초점이 맞춰져 있다. 내용은 다음과 같다.

> 히히는 산속에 사는 짐승으로 맹수와 싸우곤 한다. 매가 작은
> 새를 잡는 것과 같다.

• 중국의 고서 《이아》에서는 히히의 모습이 다음과 같이 기록돼
 있다.

> 히히는 머리를 풀어헤친 사람과 같이 생겼는데 매우 빠르고 사
> 람을 잡아먹는다.

• 《산해경》에서 히히는 효양으로 기록돼 있다. 내용은 다음과 같다.

> 효양은 사람과 같으며 사람의 얼굴을 하고 있는데 입술이 길고
> 몸이 매우 검다. 또 털이 매우 많은데 발꿈치가 거꾸로 뒤집혀
> 있다. 사람을 보면 웃고 웃을 땐 윗입술로 눈을 가린다.

• 가메오사 瓶長かめおさ : **일본**

《화도백귀야행》에 등장하는 귀물. 물 항아리에 붙은 귀물로, 눈, 코, 입이 달렸다. 물을 쏟아내면 다시 채워지는데, 물을 조정하는 능력이 있기 때문이다. 가메오사는 우리나라의 '화수분'과도 비슷한데, 화수분은 재물이 계속 나오는 보물단지다.

• 가이후키보 貝吹坊かいふきぼう : **일본**

오카야마현에서 전해지는 요괴로, 옛 성터에 거주하며 소라 부는 소리를 낸다. 가이후키보는 목격하기 쉽지 않은데, 목격담에 의하면 얼굴이 파랗고 눈은 빛나며 물에서 등장한다. 가이후키보를 물리치는 방법은 계속해서 노려보는 것이다. 노려보면 녹아서 사라진다.

• 간기코조 岸涯小僧がんぎこぞう : **일본**

물에 거주하는 이상한 괴물로, 《화도백귀야행》에 등장한다. 강변에서 물고기를 먹고 산다. 이빨은 날카로운 톱과 같고 온몸에 털이 나 있고 손과 발에는 물갈퀴가 있다. 가만히 앉아 있으면 사람처럼 보이기도 하는데, 꼬리도 달려 있다. '갓파'와 동류라는 이야기도 있지만 확실치는 않다. 생김새가 갓파와 확연히 다르기 때문이다.

• 갈저 揭狙 : **중국**

《산해경》에 등장하는 괴물. '기작鵸鵲'과 함께 북호산北號山에 거주하는 괴물로 사람을 잡아먹는다. 이리와 비슷하게 생겼으나 정확한 생김새는 알려지지 않았다. 울음소리는 돼지와 같은데 머리가 매우 붉다.

눈은 쥐를 닮아 매섭다.

• 강량彊良 : 중국

《산해경》에 등장하는 북극천궤산北極天櫃山에 거주하는 신. 입에는 뱀을 물고, 양손에도 뱀을 쥐고 있다. 머리는 호랑이인데 몸은 사람이며 발굽이 팔꿈치에 붙어 있다.

• 게조로毛倡妓けじょうろう : 일본

《화도백귀야행》에 등장하는 귀물. 머리가 길고 덥수룩한 기생의 모습을 하고 있다. 게조로는 주로 홀로 길을 걷는 모습으로 자주 목격된다. 만약 게조로의 뒷모습을 보고 사람으로 착각하여 말을 걸거나 얼굴을 돌리게 하면 깜짝 놀랄 수밖에 없다. 앞모습도 뒷모습처럼 머리카락만이 무성하기 때문이다.

• 계몽計蒙 : 중국

《산해경》에 등장하는 신. 광산光山이라는 곳에 거주한다. 몸은 사람인데 용의 머리를 하고 있다. 깊은 연못이나 물에서 놀기를 좋아하는데 그가 움직이거나 오갈 때 날카로운 바람과 폭우가 동반된다.

• 고노하텐구木葉天狗このはてんぐ : 일본

텐구의 일종으로 추정된다. 텐구의 모습과 유사하며 날개가 달려 있다. 커다란 새와 같은데, 날개를 펼치면 폭이 6척(180㎝) 정도라고. 밤의 강 제방 등에서 자주 목격되는데, 주로 무리 지어 다니며 물고기를 잡아먹는다.

• 고조蠱雕 : 중국

《산해경》에 등장하는 괴물. 녹오산鹿吳山 택경수에 거주하는 괴조로,

매와 독수리처럼 생겼으며 뿔이 달렸다. 어린아이 울음소리와 같은 소리를 내며 사람을 잡아먹는다. 오노후유미小野不由美가 쓴 일본 소설 《십이국기》에도 등장한다. 이 소설에는 산해경의 괴물들이 많이 등장하는데 여기서 고조는 거대조 마수로 등장한다.

• 과라 蜾蠃 : 중국

《수신기》에 등장하는 괴충. 땅벌의 일종인데 오로지 수컷만 있고 암컷은 없다. 그렇기에 새끼를 낳을 수 없어 뽕나무벌레나 메뚜기 유충을 잡아다가 자신의 새끼로 삼는다. 이러한 형태로 번식하는 괴물이 많지 않기 때문에 매우 독특한 형태라고 볼 수 있다.

• 교충 驕蟲 : 중국

《산해경》에 등장하는 신. 평봉산平逢山에 거주한다. 머리가 둘이고 생김새는 사람 같다. 천재지변을 피하기 위해 이 신에게 제사를 지낼 때는 수탉 한 마리를 올리는데 제사가 끝나면 살려준다.

• 구봉 九鳳 : 중국

《산해경》에 등장하는 신으로, 북극천궤산에 거주한다. 이름은 아홉 봉황이라는 뜻인데, 의미에 걸맞게 머리가 아홉인 새의 모습이다. 머리 아홉은 모두 사람의 얼굴을 하고 있지만, 이목구비는 다 다르다. 구봉은 '개명수'와 닮았지만 딱히 연결고리가 있는 것은 아니다.

• 구여 瞿如 : 중국

《산해경》에 등장하는 괴조. 금과 옥이 많이 나는 도과산禱過山에 거주한다. 머리가 하얗고 사람의 얼굴을 하고 있다. 다리는 세 개로, 자기 이름과 비슷한 울음소리를 낸다.

• 기누타누키 絹狸 きぬたぬき : 일본

《화도백귀야행》에 등장하는 괴물. 사물과 생물이 결합한 것으로, 머리는 너구리이고 몸은 직물이다. 다듬이질이라는 의미의 '기누타 きぬた'가 어원이며, 말장난에서 생긴 창작 괴물이라는 설도 있다.

• 기작 魃雀 : 중국

《산해경》에 등장하는 괴물로, 사람을 잡아먹는다. 생김새는 그리 무섭지 않아 보이는데 성격이 맹렬하고 사납다. 이름에 참새 '작雀' 자가 있는 것을 보아 소형 괴물로 추정된다. 닭처럼 생겼고, 머리가 희고 발은 쥐, 발톱은 호랑이 발톱과 같다. 작지만 반드시 피해야 할 괴물이다.

• 기종 跂踵 : 중국

《산해경》에 등장하는 괴물로, 황금이 많은 부주산復州山에 거주한다. 역병을 나르는 괴조로, 기종이 하늘에 보이면 반드시 역병이 돈다. 생김새는 일반 새와 같은데 다리가 하나이며 꼬리는 돼지 꼬리와 같다.

• 나어 贏魚 : 중국

《산해경》에 등장하는 괴어로, 홍수를 일으킨다. 생김새는 물고기인데 새처럼 깃이 달린 날개를 가지고 있다. 울음소리는 원앙과 같다고 한다. 이 기괴한 물고기는 무리를 지어 이동하는 것으로 추정된다.

• 녹의녀 綠衣女 : 중국

《요재지이》에 등장하는 괴물. 녹색의 저고리와 치마를 입은 여인인데 실은 녹색 벌이 변한 것이다. 노래를 잘 부르며 부끄러움이 많다. 또 겁이 많아 늘 안절부절못하는 모습을 보인다. 가끔 여인의 모습으로 인간 앞에 나타나 이야기를 나누고 사라진다.

• 농질 蠪姪 : 중국

《산해경》에 등장하는 괴물로, 부려산鳧麗山에 거주하고 사람을 잡아먹는다. 구미호와 자주 비교되는데 그 이유는 농질도 아홉 개의 꼬리를 가진 여우이기 때문이다. 그래서 구미호의 한 종류가 아니냐는 추측도 있다. 다만 구미호와 다른 점이라면 머리도 아홉이라는 것이다. 농질은 호랑이 발톱을 가지고 있으며 공격성이 높다. 마치 어린아이처럼 운다.

• 능어 陵魚 : 중국

《산해경》에 등장하는 괴어로, 사람의 얼굴을 하고 있는 물고기다. 몸은 분명 물고기인데 팔과 다리, 손과 발이 있다. 이 정도면 사람인지 물고기인지 헷갈릴 정도. 바다에서 생활하는데 발견하기 쉽지 않으며 기록도 많지 않다. 인어人魚의 한 종류로 보기도 한다.

• 대인국인 大人國人 : 중국

《박물지》에 등장하는 종족. 주로 대인은 거인을 말한다. 이들은 어머니의 배 속에서 36년 동안 자랐다가 태어나는데, 태어난 아이는 이미 체격이 건장하고 머리카락이 하얗다. 이들은 걷지 못하고 구름을 타고서만 이동한다. 대인국 사람들은 인간보다 용에 가깝다고 한다.

• 대해 大蟹 : 중국

《산해경》에 등장하는 커다란 게. 전설에 의하면 길이가 천 리로, 주로 바다 한가운데 산다. 한국의 민담을 모은 《조선민담집》에도 거대한 새우 이야기가 나오는데, 고래보다 크다고 묘사돼 있다. 그리스 신화에서도 레르네의 늪지대에 사는 거대한 게가 등장하는데 이처럼 거대한 게나 새우는 신화에 단골로 등장하는 소재인 듯하다.

• 도견蜪犬 : 중국

《산해경》에 등장하는 식인 괴물. 개처럼 생겨서 이름에 '견' 자가 들어간다. 이 괴물은 푸른색을 띠며 사람을 먹을 때는 꼭 머리부터 먹는다.

• 동동辣辣 : 중국

《산해경》에 등장하는 괴물로, 태희산泰戱山에 거주한다. 이름에 들어가는 한자 '동辣'은 '일각수(유니콘)'를 뜻하는데 이 한자가 두 개나 들어간 이름이다. 양처럼 생겼으며 뿔은 하나, 눈도 하나다. 독특한 것은 눈이 귀 뒤에 있다. 울음소리는 자신의 이름과 같이 '동동' 소리를 낸다.

• 류조鸓鳥 : 중국

《산해경》에 등장하는 괴조. 취산翠山에서 생활한다. 까치처럼 생겼는데 검붉은 머리가 두 개, 발은 네 개다. 물의 기운이 강력해 화재를 막거나 진압하는 능력이 있다.

• 마복馬腹 : 중국

《산해경》에 등장하는 식인 괴물로, 만거산蔓渠山에 거주한다. 문헌에는 짧게 등장하지만 이미지는 강력하다. 호랑이의 몸에 사람 얼굴을 하고 있는데 마치 아이가 우는 것 같은 소리를 낸다. 이집트의 스핑크스Sphinx와 비슷한 형태가 아닐까 추정된다.

• 망상罔象 : 중국

《박물지》, 《수신기》에 기록된 정령. 강에서 사람을 잡아먹는데, 주로 강의 돌들에 정신이 깃들어 변하는 경우가 많다. 생김새가 뚜렷하게 알려져 있지 않은데 《본초강목》에서는 상아를 십자가로 만들어 고목에 묶어두면 망상을 죽일 수 있다고 기록돼 있다.

• 맹서국인 孟舒國人 : 중국

《박물지》에 기록된 기이한 종족. '인면조'처럼 머리는 사람인데 몸은 새의 형태. 기괴하게도 새알을 즐겨 먹고, 새들과는 잘 어울리는지 길들이기 어려운 봉황도 그들을 잘 따랐다고 한다.

• 명사 鳴蛇 : 중국

《산해경》에 등장하는 괴물. 선산鮮山에서 나오는 물에 서식하는데, 선산은 나무와 풀이 없는 산으로 금과 옥만 있는 곳이다. 뱀을 닮았으나 네 장의 날개가 있고, 경쇠를 치는 소리처럼 운다. 명사가 나타나면 고을에 반드시 가뭄이 든다.

• 별부 鷩鵂 : 중국

《산해경》에 등장하는 괴조로, 기산基山에서 서식한다. 닭과 비슷하게 생겼으나 머리가 셋 달렸다. 조류계의 케르베로스Kerberos인 셈. 별부는 눈과 다리가 여섯, 날개는 셋 달렸다. 식용으로 먹기도 하며 이를 먹으면 잠이 줄어든다고 한다.

• 병봉 幷封 : 중국

《산해경》에 등장하는 괴물로, 무함국 동쪽에 서식한다고 알려졌다. 생김새가 소름이 돋을 정도로 기괴한데, 검은색을 띠고 돼지의 모습을 하고 있고 몸의 앞뒤에 머리가 나 있다. 즉, 돼지의 반을 잘라 데칼코마니 한 형태라고 이해하면 된다.

• 부루부루 震々ぶるぶる : 일본

일본의 《화도백귀야행》에 등장하는 귀물. 생김새는 알려져 있지 않다. 혼자 있거나 텅 빈 공간에 있을 때 갑자기 목덜미에 소름이 돋을 때가 있는데, 부루부루가 목을 통해 들어왔기 때문이라고 한다.

• 부혜鳧徯: 중국

《산해경》에 등장하는 괴조이자 흉조로, 녹대산鹿臺山에 서식한다. 생김새는 수탉과 같은데 머리는 사람의 머리를 하고 있다. 울음소리는 자신의 이름과 비슷한 소리를 낸다. 부혜가 울거나 나타나면 전쟁이 일어나서 사람들은 흉조 중 하나로 꼽는다.

• 분양羵羊: 중국

《설원》,《수신기》에 등장하는 정령. 목석의 정령이 '기'와 '망량'이라면 분양은 흙의 정령이다.《설원》에서는 도자기로 만든 장군의 모습을 하고 있다. 이 외에 다른 모습이 기록된 바는 없으며 어떤 능력이 있는지도 미지수다.

• 산휘山揮, 송사竦斯: 중국

《산해경》에 등장하는 괴물로, 악법산嶽法山에 서식한다. 개와 비슷하게 생겼으나 얼굴은 사람과 같다. 사람을 잘 따르고 좋아하는 편인데 사람을 만나면 늘 웃는다. 물건을 잘 던지고 움직임이 바람같이 빠르다고 같다고 기록돼 있다. 산휘가 나타나면 나라와 고을에 태풍이 분다. 사람 얼굴을 하고 사람을 잘 따르는 또 다른 괴물로는 송사가 있는데, 이 새도 사람을 보면 달려든다.

• 삼수국인三首國人, 삼신국인三身國人: 중국

《산해경》에 등장하는 종족들. 삼수국인은 머리가 셋인 종족이고, 삼신국인은 머리가 하나에 몸이 셋인 종족이다. 이 나라의 정확한 위치는 알 수 없으며 각 종족별 특색도 기록이 돼 있지 않다. 다만 두 국가와 사람들 사이에 어떤 연관성이 있는 것은 아닌지 추정해본다.

- **셋쇼세키** 殺生石せっしょうせき : **일본**

하얀 얼굴과 황금 털을 지닌 구미호인 백면금모구미호白面金毛九尾の狐
다마모노 마에玉藻前가 죽어서 변한 돌. 살기와 요기가 가득한데, 겐노
우玄翁 법사가 깨뜨려 다카다高田라는 이름이 들어간 지방 세 곳으로
흩어 날려 보냈다.

- **솔연** 率然 : **중국**

꼬리 대신 머리가 하나 더 있어 머리가 둘인 뱀이다. 솔연은 한쪽 머리
를 공격하면 다른 쪽 머리가 다가오고 가운데를 공격하면 양쪽 머리
가 함께 다가와 퇴치하기 어렵다. 《손자병법》에서는 용병술이 뛰어난
사람을 솔연에 비유했다.

- **숙어** 儵魚 : **중국**

《산해경》에 등장하는 괴어. 닭처럼 생겼는데 털이 붉고 꼬리가 셋이다.
게다가 발도 달렸는데 발은 여섯, 머리는 넷이다. 생김새가 새를 닮아
서인지 울음소리는 까치와 비슷하다고 한다. 숙어를 잡아먹으면 개인
과 가정의 근심 걱정이 모두 사라진다.

- **술락** Sulak : **이라크, 이란**

메소포타미아 신화에 등장하는 악한 귀물. 이 책에 실린 요괴 중 가장
더러운 요괴라고 할 수 있다. 술락은 변기의 악마로도 알려져 있는데,
야외 화장실에 숨어 있다가 인간이 대변이나 소변을 보면 그때 인간에
게 해를 끼친다. 술락이 붙은 사람과 관계를 맺고 아이를 낳으면 간질
에 걸리는데 사람들은 이를 막기 위해 야외 화장실에서 나와 얼마간
걸었다가 관계를 맺었다고 한다. 걸어 다니면 술락이 떨어져 나간다고
믿었기 때문이다.

• 슈텐도지 酒呑童子 しゅてんどうじ : **일본**

《화도백귀야행》에 기록된 귀물로, 귀신의 왕이며 다양한 귀신들을 부린다. 이름에서 알 수 있듯 술을 매우 좋아하는데, 오에야마산大江山 등지에서 자주 나타난다. 얼굴은 붉고 뿔이 다섯, 눈이 열다섯 개다.

• 승황 乘黃 : **중국**

《박물지》, 《산해경》에 등장하는 괴물로, 백민국白民國에 살고 있다. 여우같이 생겼는데 등에 뿔이 나 있다. 승황을 타고 거닐면 수명이 느는데 《박물지》에서는 3천 살까지 살 수 있고, 《산해경》에서는 2천 살까지 살 수 있다고 기록돼 있다. 어느 쪽이 진실이든 적어도 2천 년 이상은 살 수 있는 것이다.

• 시라누이 不知火 しらぬい : **일본**

《화도백귀야행》에 등장하는 바다 위 불덩이로, 많게는 수천 개로 늘어난다. 시라누이는 빛의 굴절이나 반딧불이라는 설이 있는데, 정체는 아직 정확하게 밝혀지지 않았다. 발광하는 불덩이라는 점에서 중국의 '인'과 비슷한 구석이 많고, 규슈에서 자주 목격된다.

• 시키지로 敷次郎 しきじろう : **일본**

오래된 광산에서 나오는 요괴로, 광산에서 일하다 죽은 이들의 원혼이 변한 것이다. 탄광부와 비슷한 모습을 하나 온몸이 새파랗고 몸에서 이상한 소리가 난다. 그 소리는 물 흐르는 소리나 금속음 등이다. 시키지로가 나타나면 사람들은 어마어마한 공포를 느낀다. 또 사람을 물기도 하는데 치료하기는 어렵다.

• 식양 息壤 : **중국**

《박물지》에 등장하는 토양으로, 하늘에 있는 흙이다. 가만히 두면 그치지 않고 계속 자라나고 불어나는데, 상제의 보물을 넣는 창고에 있다고 알려져 있다. 곤鯀이라는 이가 식양을 훔쳐서 홍수를 막으려고 했다가 천제의 노여움을 사기도 했다.

• 쓰치구모 土蜘蛛つちぐも : **일본**

《화도백귀야행》과 전승에 등장하는 거대 거미 괴물로, 다른 거미에 비해 다리가 매우 길다. 심산에 거미줄을 쳐서 생활하며 사람을 현혹시켜 해치거나 잡아먹는다. 미나모토노 요리미츠源賴光가 퇴치한 일이 있다.

• 아미키리 網剪あみきり : **일본**

《화도백귀야행》에 등장하는 괴물로, 주로 모기장이나 어망을 가위로 끊어낸다고 알려져 있다. 기록이 자세하지 않아, 이름이나 생김새로 다양한 추측을 한다. 두 앞발은 집게고, 머리는 새우와 유사하다. 몸은 기다란데 갑각류처럼 마디마디로 나누어져 있다.

• 아비조우 Abyzou : **이라크, 이란**

'아비조Abizou', '오비주Obizu', '오비주스Obizuth', '오비쥬스Obyzouth', '비조우Byzou' 등으로 불리는 마물. 산모와 갓난아기의 목을 졸라 해친다. 또 사람들의 눈이나 귀를 멀게 하고 음식도 못 먹게 하며 환청이나 환각을 보게 하거나 정신병을 일으킨다.

• 아사그 Asag : **이라크, 이란**

메소포타미아의 고대 시 〈루갈 에Lugal-e〉에 등장하는 괴물. 저승에 살고, '아자그Azag'로도 불린다. 생김새가 혐오스럽고 공포감을 일으킨다. 기운만으로 주변의 강과 바다를 끓게 만들어 물속 생명체를 죽일 수 있다. '천 명을 부수는 자'라는 의미의 무기인 '샤누르Shanur'에 의해 죽임당한다.

• 야칸즈루 薬缶吊る やかんづる : 일본

숲속을 걷다 보면 갑자기 숲 한가운데에서 기묘한 주전자가 내려올 때가 있다. 이것을 야칸즈루라고 한다. 위협적으로 보이지 않지만 마주하면 병에 걸린다. 어떤 이유로 주전자가 내려오는지는 알 수 없다.

• 여호 鵌鶘 : 중국

《산해경》에 등장하는 괴조로, 노기산盧其山에 서식한다. 원앙과 생김새가 같으나 사람의 다리를 하고 있다. 반인 반조인 셈. 울 때는 자신의 이름을 부르듯 울며 나라에 큰 토목 공사가 생기면 여호가 나타난다고 알려져 있다.

• 염유어 冉遺魚 : 중국

《산해경》에 등장하는 괴어로, 영제산英鞮山에 있는 하천에서 서식한다. 머리는 뱀, 몸통은 물고기인 괴상한 모습을 하는데 심지어 다리가 여섯에 눈은 말의 귀처럼 생겼다. 염유어를 먹으면 재액을 막을 수 있으며 가위에 눌리지 않는다.

• 염화국인 厭火國人 : 중국

《산해경》에 등장하는 종족. 입에서 원하는 대로 불을 뿜을 수 있다. 몸의 빛깔은 검은색이며 원숭이처럼 생겼다.

• 영여 攖如 : 중국

《산해경》에 등장하는 괴물로, 고도산皐塗山에 서식한다. 사슴처럼 생겼고 꼬리는 희다. 여기까지만 보면 평범한 사슴 같지만 앞다리는 사람의 손, 뒷다리는 말발굽 모양을 하고 있다. 머리에는 뿔이 네 개 나 있어 더욱 기괴하다.

• 오시로이바바 白粉婆 おしろいばば : **일본**

《화도백귀야행》에 등장하는 할머니 귀물. 얼굴에 바르는 백분白粉의 신을 '지분선녀脂粉仙娘 しふんせんじょう'라고 하는데, 오시로이바바는 지분선녀의 시녀. 망가진 우산을 쓰고 등이 굽었는데 지팡이로 짚으며 길을 걷는다. 얼굴의 한쪽에 백분을 발랐는데 칠하는 방법이 기괴하여 보는 것만으로도 공포스럽다.

• 오토로시 おとろし : **일본**

신사의 지붕이나 기둥에 숨어 있으면서, 신사에 낙서하거나 비양심적 장난을 치는 이들을 혼내주는 귀물. 이런 이들을 발견하면 훅 하고 내려와 잡아채서 매단다. 눈이 크고 머리가 덥수룩하며 어금니가 나 있다.

• 온 媼 : **중국**

《수신기》에 등장하는 괴물. 땅속에서 잠복하여 죽은 이의 뇌를 먹고 산다. 생김새는 양을 닮기도, 돼지를 닮기도 했다고 기록돼 있다. 시체를 훼손시키는 지저분한 괴물로, 동백나무를 온의 머리에 꽂으면 죽는다.

• 옹 顒 : **중국**

《산해경》에 등장하는 괴조. 가뭄을 일으키는 새로, 옹이 나타나면 전국에 큰 가뭄이 든다. 영구산令丘山에 서식하며 생김새는 올빼미 같다. 사람의 얼굴을 하고 눈은 네 개다. 자신의 이름과 비슷한 소리로 운다.

• 와수 訛獸 : **중국**

《신이경》에 등장하는 괴물로, 서쪽 지역에 살고 있다. 생김새는 토끼와 같은데 얼굴은 사람의 모습이다. 이 괴물은 항상 반대로 이야기를 하는데 동쪽이라고 하면 서쪽을 말하는 것이고, 맞다고 하면 아니라는 의미다. 식용으로 사용되고 맛도 있다고. 주의할 것은 와수 고기를 먹으면 먹은 이도 반대로 말하게 된다.

• 우체어 牛體魚 : 중국

《박물지》에 등장하는 괴어. 물고기이지만 소와 매우 닮았다. 어떤 부분이 소와 닮았는지는 자세히 기록돼 있지는 않다. 다만 소처럼 가죽을 벗길 수 있는데 가죽을 벗겨서 바다에 걸어두면 밀물일 때 가죽의 털이 서고 썰물일 때 가죽의 털이 눕는다.

• 우투쿠 Utukku : 이라크, 이란

메소포타미아 신화에 등장하는 정령. 정상적으로 죽지 못하면 우투쿠가 된다고 알려져 있다. 이를테면 우리나라의 혼 같은 존재다.

우투쿠는 탄생할 때 두 가지 성향으로 나뉘는데 바로 선한 우투쿠와 악한 우투쿠가 그것이다. 저승에 사는 악귀인 '알루', 마물 '에딤무 Edimmu' 등이 악한 우투쿠로, 이들은 인간에게 지독한 역병에 걸리게 하거나 마음을 조종해 나쁜 짓을 하게 만든다. 반면 선한 우투쿠는 '라마수 Lamassu'로 불리며 인간에게 도움을 주고 나쁜 일이 일어나는 것을 막는다. 악한 우투쿠는 형체가 없거나 다양한 모습으로 묘사되는 반면 선한 우투쿠는 주로 인면수신(人面獸神, 사람 얼굴에 짐승의 몸을 한 것)의 모습으로 등장한다.

• 육오 陸吾 : 중국

《산해경》에 등장하는 신. 곤륜昆侖 언덕에 자리한다. 호랑이 몸에 아홉 개의 꼬리가 달렸는데 얼굴은 사람 모습이다. 육오는 하늘의 아홉 가지 장소를 관리하거나 천제가 동산에 나들이 올 때 이를 주시하고 관리한다. 신수인 개명수와 동일한 것으로 보는 설도 있으나 둘은 엄연히 다른 존재로 추정된다.

• 이서耳鼠: 중국

《산해경》에 등장하는 괴물로, 단훈산丹熏山에 서식한다. 쥐와 비슷한 동물이나 머리는 토끼와 닮았다. 어찌 보면 작은 사슴을 닮기도 했다. 울음소리는 개와 같다. 이서를 잡아서 요리해 먹으면 온갖 독을 막아 낼 수 있다.

• 이소온나磯女いそおんな: 일본

큐슈 지역에서 전승되는 요괴로, 바다에서 나타난다. 상체는 머리가 긴 아름다운 여자인데 하체는 유령처럼 흐릿하다. 이소온나는 항구에 정박한 배에 접근해 자고 있는 사람을 공격하는데, 긴 머리카락으로 사람을 덮고 피를 빤다.

• 인어人魚: 중국

《산해경》에 등장하는 괴어로, 용후산龍侯山 흐르는 물에 산다. 이름은 인어인데 우리가 흔히 아는 인어와는 생김새가 다르다. 도룡뇽을 닮았으며 발이 넷이다. 울음소리가 마치 어린아이와 같다.

• 일비국인一臂國人: 중국

《산해경》에 등장하는 종족으로, 일비국에 사는 사람들이다. 이곳 사람들은 팔, 눈, 콧구멍이 모두 하나다. 심지어 일비국에 사는 말도 호랑이 무늬에 눈과 앞다리가 하나라고 한다.

• 저인국인氐人國人: 중국

《산해경》에 등장하는 종족으로, 저인국에 사는 사람들이다. 이곳 사람들은 사람의 머리에 물고기의 몸을 하고 기괴하게도 다리가 없다.《산해경》에는 '적유赤鱬'라는 어류형 괴물이 나오는데 이 또한 사람의 머리에 물고기 몸을 하고 있다. 울음소리는 마치 원앙새의 울음소리와 같다. 저인국인과 적유는 공통점이 많지만 어떤 관계인지 정확하게 기록돼 있지는 않다.

• 정위精衛: 중국

《박물지》에 등장하는 괴조로, 나뭇가지나 돌멩이를 집어다 동해를 메운다. 원래는 염제炎帝의 딸이었는데, 동해에서 물놀이를 하다가 빠져 죽은 후 그녀의 혼이 정위라는 새가 되었다고 한다. 동해 바다를 원망하는 마음에 계속 돌과 나뭇가지를 집어다 메우지만 성과는 없는 듯하다. 정위는 까마귀같이 생겼으며 부리가 희고 다리는 붉다. 머리에는 기묘한 무늬가 있다.

• 제홍帝鴻: 중국

《산해경》에 등장하는 신으로, 금과 옥이 많은 천산天山에 거주한다. 생김새는 마치 노란 주머니 같고 붉기가 마치 붉은 불꽃과 같다. 다리가 여섯, 날개가 넷이다. 얼굴이 없으나 노래와 춤을 좋아한다.

• 조민鳥民: 중국

《산해경》에 등장하는 종족으로, 염장국鹽長國에 거주한다. 새의 머리를 하고, 인간의 몸을 하고 있다.

• 주별어珠鱉魚: 중국

《산해경》에 등장하는 괴어로, 갈산葛山에서 흐르는 물인 예수澧水에서 산다. 생김새는 인간의 허파를 닮았고 다리가 여섯인데 몸속에 진주를 가지고 있다. 맛이 시고 달고 이를 먹으면 전염병에 걸리지 않는다.

• 주누 朱獳: 중국

《산해경》에 등장하는 괴물로, 경산耿山에 거주한다. 경산은 풀과 나무가 없고 큰 뱀이 많은 산이다. 주누는 여우를 닮았는데 꼬리는 물고기 꼬리와 유사하다. 울음소리 또한 자기 이름과 비슷하게 운다. 주누가 나타나면 나라에 두려운 일이 일어난다.

• 진보 陳寶: 중국

《수신기》에 등장하는 동자들. 수컷을 얻으면 천하의 왕이 되고 암컷을 얻으면 제후의 우두머리가 된다.

• 천계 天鷄: 중국

《회남자》에 등장하는 괴조. 닭의 왕으로 도도산桃都山의 큰 복숭아 나뭇가지에 산다. 해가 뜨면 가장 먼저 우는데 이를 따라 세상의 모든 닭들이 따라 운다.

• 초요국인 僬僥國人: 중국

《박물지》, 《산해경》에 등장하는 종족으로, 초요국僬僥國에 산다. 키가 매우 작은 난쟁이족으로, 키가 9촌(약 29.97cm)에서 3척(약 90.9cm) 정도이며 조그마한 관과 띠를 두르고 있다.

• 추오 騶吾: 중국

《산해경》에 등장하는 괴물로, 임씨국林氏國에 서식한다. 호랑이를 닮았는데 몸에서는 다섯 가지 광채가 나고 꼬리가 몸보다 길다. 추오는 빠르고 체력이 좋은데, 추오를 타면 하루에 천 리도 갈 수 있다.

• 태봉 泰逢: 중국

《산해경》에 등장하는 신으로, 사람과 똑같이 생겼으나 호랑이 꼬리가 달려 있다. 천지의 기운을 움직이는 강력한 신이며 그가 오갈 때는 눈을 뜰 수 없을 정도의 밝은 빛이 난다.

• 팔라식 *Palasik* : 인도네시아

인도네시아에서 출몰하는 귀물로, '레야크'처럼 머리에 창자가 딸려 있다. 팔라식은 레야크처럼 둥둥 떠다니며 산모와 태아를 해치는데 출산 중 사망한 아이의 무덤을 파헤쳐 시체를 먹는 것으로도 알려져 있다.

• 풍생수 風生獸 : 중국, 일본

《운급칠첨》에 등장하는 괴물로, '풍리風狸'라고도 한다. 중국뿐 아니라 일본에서도 전해지는 괴물로, 크기는 작은 짐승과 같은데 표범을 닮았으며 죽지 않는다. 태워도 죽이기 힘들고 타격을 주어서도 죽이기 힘든데 쇠망치로 머리를 계속 내려치면 잠깐 죽는다. 이때 풍생수에게 바람을 불어주면 다시 부활한다고 한다.

• 하경시 夏耕尸 : 중국

《산해경》에 등장하는 인간형 괴물. 사람처럼 생겨 갑옷을 입었는데 창과 방패를 들었으나 머리가 없다. '경耕'이라는 이가 전투 중에 패배하여 머리가 잘린 채로 도망갔는데 이를 보고 하경시라 한다.

• 하라어 何羅魚 : 중국

《산해경》에 등장하는 괴어로, 초명산譙明山의 물에서 살고 있다. 머리는 하나인데 몸은 열 개다. 울음소리는 마치 개와 같은데 이를 잡아먹으면 종기병을 고칠 수 있다고 한다.

• 허 噓 : 중국

《산해경》에 등장하는 신으로, 오거천문산吳姫天門山에 자리 잡고 있다.

오거천문산은 해와 달이 질 때 들어가는 곳이다. 허는 사람과 비슷하게 생겼는데 양팔이 없고 다리를 뒤로 젖혀 머리 위로 올리고 있다.

• 혜낭 傒囊 : 중국

《백택도》에 등장하는 정령. 어린아이처럼 생겼는데 산에서 갑자기 나타나 손을 끌고 데려가려고 한다. 이에 따라가게 되면 혜낭이 살던 곳으로 가는데 즉사한다.

• 화서 火鼠 : 중국

《신이경》에 등장하는 괴물 쥐로, 불 속에 산다. 무게가 백 근, 털 길이는 두 척인데 털이 매우 가늘다. 불 밖에 나오면 흰색을 띠는데 물에 닿으면 죽는다. 화서의 털로 옷감을 만들 수 있는데, 옷감이 더러워졌을 때 불에 닿게 하면 다시 깨끗해진다.

• 횡공어 橫公魚 : 중국

《신이경》에 등장하는 괴어로, 북쪽에 있는 호수인 석호石湖에 서식한다. 길이가 7~8척 정도인데 잉어와 비슷하게 생겼고 눈이 붉다. 낮에는 물고기로 살지만 밤에는 사람으로 변한다. 찌르거나 삶아도 죽지 않는 몸을 가졌는데, 오매烏梅 두 알과 같이 삶으면 죽는다.

• 후 犼 : 중국

《속자불어》에 등장하는 괴물로, 개를 닮았는데 입에서 불을 뿜는 것으로 알려져 있다. 전설이나 기록에 의하면 '강시'가 시간이 지나면 후가 된다고. 강시가 후가 될 때에는 기괴한 소리와 함께 세 번 뛰는 행동을 한다.

• 흠비欽鴉: 중국

《산해경》에 등장하는 신으로, '고'와 함께 하늘의 신인 '보강'을 죽인다. 이 때문에 천제에게 죽임을 당해 큰 물수리로 변한다. 물수리가 된후에는 흰머리에 검은 무늬를 하며, 부리가 붉고 발톱은 호랑이를 닮았다.

• 히요리보日和坊ひよりぼう: 일본

《화도백귀야행》에 등장하는 귀물. 맑은 날에만 나타나는데 이는 비가올 때 나타나는 '아메후리코조'와는 정반대다. 일본에서는 비가 오면'데루테루보즈てるてる坊主'라는 인형을 매달고 맑은 날을 기원하는 풍습이 있는데 이는 아메후리코조에게 기원하는 것이라고 한다.

• 히토다마人魂ひとだま: 일본

전설과 기록에 등장하는 사람의 혼으로, 사람이 죽어 나오면 푸른빛을띤다. 우리나라의 '도깨비불', 중국의 '인', 일본의 '고센조비'와 비슷해보인다. 하지만 돌을 던지면 쉽게 깨지고 이리저리 다니다가 빛을 잃는다는 이야기를 보면 연약한 존재인 듯하다.

• 히토쓰메뉴도一つ目入道ひとつめにゅうどう: 일본

승려의 모습을 한, 눈이 하나인 일본 귀물이다. 크기를 자유자재로 늘릴 수 있는데 올려다보면 커지고 내려다보거나 "내려본다"라고 말하면작아진다. 우리나라의 '어둑시니'나 '미아게뉴도見上入道みあげにゅうどう'도같은 유형인데 올려다보면 점점 커진다. 다만 미아게뉴도는 어린 스님의 모습으로 나타난다.

《갑자야화》

에도 시대 후기에 쓰인 마쓰우라 기요시松浦淸의 수필집. 정편 100권, 속편 100권, 제3편 78권으로 방대한 분량을 자랑한다. 풍속부터 귀물, 괴이한 이야기까지 넓은 범위의 내용이 수록돼 있다.

《고금와카집》

일본 전통 시가를 '와카'라 하는데 이런 와카를 모은 시집을 와카집이라 한다. 《고금와카집》은 세상에 유포되는 와카만을 골라 임금의 명령으로 편찬한 최초의 와카집이다. 905년에 편찬됐고, 약 120여 명의 작자의 와카가 실려 있다.

《괴담 노인의 지팡이》

헤즈쓰 도사쿠平秩東作의 저서로 에도 시대의 기담집이다. 주로 당시 널리 퍼져 있던 요괴 이야기와 괴담을 수록했다.

《길가메시 서사시》

지구상에서 가장 오래된 서사시. 고대 메소포타미아 지역의 우루크 왕 길가메시를 주인공으로 한 문학 작품이다. 약 기원전 2000년경에 만들어진 것으로 추정된다. 길가메시 서사시의 내용은 기원전 7세기 니네베의 아슈르바니팔 왕궁의 도서관에서 발굴된 점토판에 근거한다.

《논형》

후한 때 왕충王充이 편찬한 책으로, 총 85편으로 구성돼 있다. '논형'이라는 제목은 저울질한다는 의미가 들어 있다. 당시의 정치, 속설, 철학 등 다양한 문제들을 합리적이고 이성적으로 비판한 책이다.

《니다나카타》

자타카의 주석서Jataka-attakatha의 일부로, 가장 체계적인 불타전이라 평가받기도 한다. 정리되지 않고 흩어져 있는 붓다의 일생을 시기별로 정리하고 있다. 팔리어로 기록돼 있다.

《당송팔대가문초》

중국 명나라 때 산문가 모곤茅坤이 당송팔대가의 문장들을 편집하여 한데 모은 책으로, 164권으로 이루어져 있다. 당송팔대가는 당나라 문인인 한유韓愈, 유종원柳宗元. 송나라 문인인 구양수歐陽修, 소순蘇洵, 소식蘇軾, 소철蘇轍, 증공曾鞏, 왕안석王安石을 말한다.

《당시삼백수》

중국 청나라 때 손수孫洙가 편찬한 선집. 당나라 시인 77명의 시가 실려 있다. 총 310수가 오언고시五言古詩, 칠언고시七言古詩, 오언율시五言律詩, 칠언율시七言律詩, 오언절구五言絕句, 칠언절구七言絕句로 나뉘어 수록돼 있다.

《대지도론》

인도의 대승불교 고승인 용수龍樹가 3세기 초에 기록한 《대품반야경》 (27권)의 주석서다. 총 100권으로 《대품반야경》을 전면에 걸쳐 세세히 해석했다.

《동북괴담여행》

소설가 야마다 노리오山田野理夫가 저술한 일본 괴담집으로, 1974년 발행됐다. 동북지방은 아오모리현, 이와테현, 미야기현, 아키타현, 야마가타현, 후쿠시마현을 말하고, 이곳의 괴담 163개를 수록했다.

《라마야나》

《마하파라타》와 함께 인도 2대 고대 서사시로 손꼽힌다. 범어로 낭송되고 기록됐다. 제목에 등장하는 라마는 라마왕자를 말하는 것으로 라마왕자의 모험을 묘사한다. 7편, 2만 4천 시절詩節로 이루어져 있다.

《박물지》

중국 서진西晉의 학자인 장화張華가 저술한 서적으로, 고대 국가와 신선, 귀물, 괴물, 종족, 동식물에 대한 이야기가 실려 있다. 원래는 400권이었으나 기괴한 이야기가 너무 많다는 황제의 의견에 따라 10권으로 축소했다.

《백택도》

《수신기》,《본초강목》에 등장하는 고서적. 세계에서 가장 오래된 요괴도감으로 알려져 있으나 현존하지 않는다. 백택白澤이라 불리는 이가 세상의 온갖 귀물과 괴물을 이야기했는데 황제가 이를 기록했다고 한다.

《법화경》

《묘법연화경》의 약칭으로, 총 7권 28품으로 이루어져 있다. 천태종의 근본 경전이며 초기 대승경전大乘經典 중에서도 가장 중요한 경전으로 알려져 있다.

《베다》

고대 인도의 종교와 제례를 담고 있는 이야기로, 힌두교의 경전이기도 하다. '베다Veda'라는 말은 지혜를 의미한다. 구전으로 전해졌으며 힌두교도들은 베다가 사람이 만든 것이 아닌 하늘의 계시라고 말한다.

《본초강목》

중국 명나라 때 본초학자 이시진李時珍이 저술한 약학서이자 의서로, 1596년에 발행됐다. 약 30여 년간 저술했으며 52권으로 이루어져 있다. 1,892종의 약재와 쓰임새가 수록돼 있다.

《본초강목습유》

중국 청나라 때 조학민趙學敏이 편찬한 약학서이자 의서. 이시진이 저술한《본초강목》에 실리지 않은 약초들과 보충할 약재 내용을 수록했다. 여러 종류의 의서와 약학서를 참고하여 편찬했다.

《비밀교의》

러시아의 신비사상가 헬레나 블라바츠키가 저술한 책으로, 두 권으로 구성돼 있다. 1권은 우주기원론, 2권은 인류 발생에 대해 저술했다.

《산해경》

중국에서 가장 오래된 지리서로 신화적 요소가 있는 서적이다. 이름처럼 '산경山經'과 '해경海經'으로 나뉘어져 있으며 광물, 식물, 동물, 괴물, 신, 종족 등의 이야기가 실려 있다. 중국 전한 말기의 유학자인 유흠劉歆이 고본古本 32권을 18권으로 정리한 것이 현재까지 전해진다.

《삼재도회》

중국 명나라 때 왕기王圻에 의해 편찬된 백과사전이다. 1607년 편찬됐으며, 총 106권으로 이루어져 있다. 그의 아들 왕사의王思義가 속집을 내기도 했다. 천문, 지리, 인물, 시령, 궁실, 기용, 신체, 의복, 인사, 의제, 진보, 문사, 조수, 초목 등 14개 부문으로 구성돼 있다.

《삼주기담》

호리바쿠스이堀麦水가 저술한 에도 시대의 기담집. 엣츄(越中, 현 도야마현), 노토(能登, 현 이시카와현 북부), 가가(加賀, 현 이시카와현 남부)의 괴물, 귀물, 괴담에 대한 내용이 기록돼 있다.

《설원》

중국 한나라 때 경학자 유향劉向이 편찬한 서적으로, 총 20권으로 이루어져 있다. 중국 춘추 시대부터 한나라까지의 현인과 학자들의 전기, 일화, 우화 등이 수록돼 있다. 군도, 신술, 건본, 입절, 귀덕, 복은, 정리, 존현, 정간, 법계, 선세, 봉사, 권모, 지공, 지무, 담총, 잡언, 변물, 수문, 반질 등의 주제를 다룬다.

《손자병법》

중국 춘추 시대 병법가인 손무孫武가 지은 병법서. 현재 전해지는 것은 원서 82권 중에서 위나라 조조가 편집한 13편 2책이다. 전술부터 병사들의 기본 운용 원리까지 실전에 사용 가능한 병법들을 세세하고 심도 있게 다뤘다.

《수세비결》

조선 후기 이창우李昌雨가 지은 저서. 이시진의 《본초강목》 중에서 효용성이 있다고 판단되는 내용 위주로 기록했다. 병증 위주로 정리돼 있어 약초 위주로 정리가 돼 있던 《본초강목》보다 민간에서 더 쉽게 읽혔다.

《수신기》

중국 진나라 때 학자 간보干寶가 지은 서적. 설화집의 일종으로, 귀물, 괴물, 신 등의 이야기와 괴담이 기록돼 있다. 원서는 30권으로 추정되

며 현재 전해지는 20권 또한 원서가 아닌 편집본이다. 약 470편의 이
야기가 실려 있다.

《술이기》

중국 남북조 시대 때 양나라의 학자인 임방任昉이 지은 서적. 2권으로
이루어져 있으며, 신화와 고사의 이야기가 실려 있다.

《스가에 마스미 유람기》

에도 시대 후기의 여행 작가 겸 박물학자인 스가에 마스미의 저서. 저
자가 여행하며 경험하고 들은 민속과 일상생활, 풍토, 구전, 시 등을 정
리한 책이다. 총 5권으로 1965년 11월에 첫 권이 나왔다.

《시경》

중국에서 가장 오래된 시집으로, 춘추 시대의 민요를 중심으로 집성했
다. 원래는 3,000여 편의 시가 수록돼 있었으나 공자에 의해 311편으
로 정리됐다. 이 중 6편은 제목만 알려져 있다.

《신이경》

중국 전한의 문인 동방삭東方朔이 지은 것으로 알려진 책이다. 위작이
라는 이야기도 있으며 신빙성에 의문을 제기하는 사람도 많다. 동방삭
은 서왕모의 복숭아를 훔쳐 먹어 장생했다는 이야기가 있을 정도로 기
이한 인물로 알려져 있다.

《아마쿠사섬 민속지》

1932년 제작된 아마쿠사 제도의 민속자료 모음집으로, 다양한 전설과
설화가 기록돼 있다. 민속학자 하마다 류이치浜田隆一가 저술했으며
향토연구사에서 출판했다.

《옥담사집》

조선 중기의 문신인 이응희李應禧의 시를 모아놓은 책. 세상 만물을 시로 표현했으며 감성적인 시들로 소박한 시골의 정취가 느껴진다.

《요괴화담전집》

소설가이자 민속학자인 후지사와 모리히코藤沢 衛彦가 저술한 서적으로, 1929년에 발행됐으며 총 4권으로 이루어져 있다. 후지사와 모리히코는 전설과 풍속 자료 수집을 많이 한 인물로도 유명하다. 일본과 러시아, 독일 등 요괴 이야기를 담고 있다.

《요재지이》

중국 청나라 때 포송령蒲松齡이 지은 소설집으로, 약 400여 편의 이야기가 수록돼 있다. 주로 괴이한 기담과 요괴 이야기로 가득한데, 민간에서 취재한 이야기를 바탕으로 썼다고 알려져 있다.

《운급칠첨》

중국 송나라 때 장군방張君房이 편찬한 도교道敎서로, 《소도장小道藏》이라고도 불린다. 120권으로 도술, 연단, 선인 등의 내용이 수록돼 있다. 당시의 도교 체계를 잘 설명하고 정리했다.

《원화군현도지》

중국의 지리서로, 총 40권으로 이루어져 있다. 지리학자 이길보李吉甫를 중심으로 제작됐는데, 당시의 모든 주와 연혁, 인구, 공납, 지역 명칭까지 세세하게 기록돼 있다. 현재는 34권만 전해지고 있다.

《의학입문》

중국 명나라 때 이천李梴이 엮은 종합 의학서로, 1575년에 발행됐다. 총

19권으로 《내집內集》 9책과 《외집外集》 10책으로 되어 있다. 우리나라 의학 서적인 《동의보감》에 많이 인용됐다.

《의휘》

고종 8년에 간행된 것으로 추정되는 의학서. 저자는 금리산인錦里散人이라고 표기돼 있으나 아직까지 누구인지 알려지지 않았다. 노후에 자신과 주변 사람들이 병에 걸렸을 때 이를 신속하게 치료하기 위해 제작했다고 한다.

《이물지》

중국 한나라 때 양부揚孚가 기록한 서적이다. 내용은 인물, 지형, 동물, 음식, 풍속 등이 다양하게 기록돼 있다.

《이아》

중국 고서로 세계 최초의 백과사전으로 알려져 있다. 저자, 편찬 시기는 분명하지 않으며 한나라 이전 시기라는 설이 유력하다. 책은 총 3권 19편으로 이루어져 있다. 유가儒家의 '13경經' 가운데 하나로 꼽힌다.

《이아익》

중국의 고서 《이아》의 주석서. 나원羅願이 편찬했으며 총 32권으로 이루어져 있다.

《장자》

중국의 고대 도가 사상가 장자莊子의 저서로, 《남화진경》이라고도 불린다. 총 52편이었으나 현재는 33편만 남아 있다. 서적의 주 내용은 도道가 만물의 근원이자 천지의 원리라는 것이다.

《전등신화》

중국 명나라 때 구우瞿佑가 저술한 괴기 단편 소설집으로, 1387년에 제작됐다. 원본은 40권이지만 모두 현존하지는 않고 4권만이 주로 전해진다. 《전등신화》는 후에 다양한 괴기 소설집에 영향을 줬다.

《제국백물어》

엔포延宝 5년 4월에 간행된 일본 괴담집. 5권으로 이루어져 있으며 각권마다 20개의 이야기가 실려 있어 전체 이야기는 100개다. 작자 미상의 책으로, 괴담 서적의 선구자라고 할 수 있으며 이후의 일본 고괴담집에 큰 영향을 미쳤다.

《주역》

동양에서 가장 오래된 경전으로, 《역경易經》, 《역易》으로도 불린다. 다소 내용이 난해하고, 하늘과 땅의 이치가 기록돼 있다고 한다. 64종류의 상징적 기호와 그에 대비되는 짧은 점단占斷의 말로 이루어져 있다. 주역은 주로 점복占卜을 위해 사용된다.

《중릉만록》

에도 시대의 학자 사토 주료佐藤中陵가 제작한 수필집. 여러 지역을 견문하며 들은 이야기뿐 아니라 각 번藩의 생산물 등도 기록돼 있다.

《창세기》

구약 성서의 첫 권. 천지창조, 아담과 이브, 노아의 방주, 바벨탑 이야기 등이 기록돼 있다.

《태평광기》

중국 송나라 때 제작된 서적으로 500여 권의 설화집이다. 그 양이 방대한데 6,270편의 글이 실려 있다. 학자 이방李昉을 중심으로 12명의 학자들이 함께 편찬했으며 요괴와 괴담, 신선, 도술에 관한 이야기도 많은 분량을 차지한다.

《태평기》

일본의 고전 문학 중 하나로, 총 40권으로 이루어져 있다. 작자와 발행 시기는 명확치 않으나 남북조 시대에 고지마 법사小島法師가 기록했다는 설이 유력하다. 남조와 북조의 대립을 기록하고 있으며 역사의 변천을 웅장하게 잘 표현하고 있다.

《헤이케 이야기》

13세기의 일본 문학으로, 헤이케 가문의 성공부터 몰락까지의 이야기가 담겨 있다. 작자 미상이며 공연이나 영화, 책 등 다양한 매체를 통해 이야기됐다. 또 비파반주에 이야기를 넣은 것을 '헤이쿄쿠平曲'라한다.

《화도백귀야행》

1776년 간행된 도리야마 세키엔鳥山石燕의 요괴 화집. 〈음〉, 〈양〉, 〈풍〉 세 편으로 구분되어 있다. 페이지마다 짧은 글들과 기괴한 요괴 그림으로 채워져 있다. 다만 몇몇 요괴들은 중국과 일본의 풍속을 바탕으로 도리야마 세키엔이 창작한 것이란 설도 있다.

《화한삼재도회》

1713년 의사인 데라지마 료안寺島良安이 쓴 것으로 알려진 백과사전. 총 105권의 방대한 양을 담고 있다. 백과사전이지만 기이한 이야기들도 다소 실려 있는 편이다. 저자가 의사이기에 동양 의학에 관련된 내용은 꽤 정확하다고 한다.

《회남자》

중국 전한의 회남왕이었던 유안劉安이 편찬한 책. 외편 33권, 내편 21권으로 총 54권이었으나 현재는 내편만이 전해지고 있다. 내편에 실린 내용들은 주로 도가 사상에서 일컫는 도道를 근본 주제로 저술했다.

《회본백물어》

에도 시대의 괴담집으로, 한자를 해석하면 그림으로 나타낸 100가지 이야기다. 1841년 제작됐으며 저자는 도산진桃山人이라고 알려져 있다. 《화도백귀야행》처럼 요괴의 그림과 간략한 설명들로 페이지들이 채워져 있다.

동양 요괴 도감

초판 1쇄 인쇄 2020년 5월 6일
초판 4쇄 발행 2023년 9월 20일

지은이 고성배(물고기머리)
펴낸이 박지수

펴낸곳 비에이블
출판등록 2020년 4월 20일 제2020-000042호
주소 서울시 성동구 연무장11길 10 우리큐브 283A호(성수동2가)
이메일 b.able.publishers@gmail.com

ⓒ 고성배, 2020
값 22,000원
ISBN 979-11-970352-1-0 03910

• 인쇄·제작 및 유통상의 파본 도서는 구입하신 서점에서 바꿔드립니다.
• 이 책의 전부 또는 일부 내용을 재사용하려면 반드시 사전에 저작권자와 비에이블의 서면 동의를 받아야 합니다.
• 비에이블은 컬쳐허브의 임프린트입니다.
• 이 도서의 국립중앙도서관 출판예정도서목록(CIP)은 서지정보유통지원시스템 홈페이지(http://seoji.nl.go.kr)와 국가자료공동목록시스템(http://www.nl.go.kr/kolisnet)에서 이용하실 수 있습니다.(CIP제어번호: CIP2020016924)

東洋 妖怪 圖鑑